1시간 만에 끝내는 책쓰기 수업

이 책을 소중한

_____님에게 선물합니다.

_____ 드림

평범한 당신을 작가로 만들어 줄 최고의 책쓰기 지침서

1시간 만에 끝내는 책쓰기 수업

김도사 지음

위닝북스

책을 쓰면 미래가 달라진다

"5년 후 당신은 어떤 모습일까?"

대부분의 사람들은 이 같은 질문에 대답할 준비가 거의 되어 있지 않다. 그동안 현실에 치여 자신의 미래를 생각할 겨를이 없었기 때문이다. 그런데 만약 5년 후 자신의 미래를 떠올렸을 때, 지금과 같거나 오히려 더 못한 생활을 하고 있다면 현재를 잘못 살고 있다는 증거일 것이다. 제대로 살고 있다면 미래는 분명 지금보다 눈부시게 바뀌어 있을 것이기 때문이다.

사람들은 현재에만 치중하느라 미래를 준비하지 못한다. 그래서 인생에 금이 가게 되고 급기야 깨지기까지 한다. 그래서 나는 회사에 다니는 샐러리맨이라면 지금부터 책을 써서 인생 2막을 준비하라고 조언한다. 회사에 다니는 지금이 미래를 준비할 수 있는 최적의 시간이기 때문이다.

내 이름으로 된 책을 쓰게 되면 직장생활만 했을 때와는 달리 상상할 수 없었던 일들이 일어난다. 사람들이 내가 쓴 책을 읽고 메일을 보내거나 일대일 컨설팅 요청을 하는 등 각 기관마다 강연 요청이 쇄도한다. 책을 펴내는 순간 독자에서 저자로, 평범한 직장인에서 작가, 코치, 강연가, 1인 창업가로 신분이 바뀌게 된다.

그동안 나는 네이버 카페 〈한국책쓰기1인창업코칭협회(이하 한책협)〉에서 진행하는 〈책쓰기 과정〉을 통해 8년간 900명의 작가, 코치, 강연가, 1인 창업가를 배출했다. 그 가운데 몇 사람을 꼽아보겠다. 유튜버 김새해 작가가 있다. 5년 전 그녀는 경제적으로 육체적으로나 가장 힘든 시기를 보내고 있었다. 그러던 중 2013년 9월 내가 강사로 초빙된 집 근처 충현도서관에서 진행된 '당신의 책을 써라' 특강을 듣게 되었다. 그 후 '한책협'에 가입하여 나의 코칭과 조언으로 《내가 상상하면 꿈이 현실이 된다》라는 책을 출간했다. 지금은 작가, 1인 창업가, 유튜버로 활동하고 있다. 몇 년 전 김새해 작가는 내게 수십 통의 감사 메일을 보내왔다. 《주식투자 이렇게 쉬웠어?》의 김이슬 코치, 《대한민국 경매 투자》의 김서진 코치, 《내집마련 불변의 법칙》의 김석준 코치, 《10년 안에 꼬마 빌딩 한 채 갖기》의 임동권 작가, 《9등급 꼴찌, 1년 만에 통역사 된 비법》의 장동완 작가, 《엄마의 돈 공부》의 이지영 작가, 《나는 SNS 마케팅으로 월 3,000만 원 번다》의 이채희 작가, 《하루 1시간 책쓰기의 힘》의 이혁백 코치, 《직장인 딱 3개월만 책쓰기에 미쳐라》의 이은화 코치. 이혁백 코치와 이은화 코치는 한책협에서 1년 반가량 스탭과 책쓰기 코치로 활동한 바 있다. 이외에 《나는 인생에서 알아야 할 모든 것을 영업에서 배웠다》의 안규호 작가, 《내 인생을 바꾼 부동산 공부》의 이나금 코치, 《내 삶을 바꾸는 책쓰기》의 조경애 코치, 《새벽을 여는 리딩이 인생을 바꾼다》의 김태진 코치, 《나를 다시 일어서게 하는 글쓰기의 힘》의 어성호 코치, 《경험을 돈으로 바꾸는 세 가지 비결》의 장영광 작가…. 나는 앞으로 더 많은 사람들이 책을 써서 작가, 코치, 강연가, 1인 창업가로 살 수 있도록 도울 것이다.

책을 써야 하는 이유는 헤아릴 수 없이 많다. 그 가운데 5가지 정도 간단히 이야기해 보겠다.

① 책은 최고의 소개서다

내 이름으로 된 책은 언론 인터뷰보다 더 파급력이 크다.

② 사회적 영향력이 크다

나의 스토리가 담긴 책을 출간하게 되면 사람들에게 자신의 존재감을 드러낼 수 있다.

③ 전문가의 자격증이다

책을 펴내는 순간 자신의 분야에서 권위자, 전문가로 인정받게 된다.

④ 미래가 달라진다

책을 쓰는 일은 독서와는 다르다. 과거, 현재, 미래가 연결되어 가슴 뛰는 꿈이 생겨난다. 단 일 분도 허투루 쓰지 않게 된다.

⑤ 사회에 공헌한다

사회에 공헌하는 일은 꼭 물질을 통해서만 이루어지는 것은 아니다. 책을 펴내게 되면 자신의 지식과 경험, 인생의 깨달음, 노하우가 고스란히 담기게 된다. 그래서 독자는 자신의 상황에 맞추어 작가에게 조언을 구할 수 있다. 이같이 나의 책을 읽음으로써 누군가의 인생이 달라진다면 이 역시 사회에 공헌하는 일일 것이다.

나는 이 책을 읽는 모든 사람들에게 지금부터라도 당장 책 쓰기에 도전하라고 말하고 싶다. 독서만 해서는 다른 사람에게 영향력을 끼치기 부족할 수 있다. 하지만 자신의 이름으로 책 한 권을 펴낸다면 가족, 친구, 동료들뿐만 아니라 전 세계의 많은 사람들까지 인정해 준다. 그로 인해 자신이 세상에 태어난 소명을 깨닫게 되고, 심장이 뛰는 진짜 인생을 살게 된다.

이 책은 더 많은 사람들이 읽을 수 있도록 도움을 주기 위해 기획되었다. 《성공해서 책을 쓰는 것이 아니라 책을 써야 성공한다》의 보급판으로 책의 내용 가운데 가장 중요한 '기획하기', '초고 집필하기', '출판 계약하기' 부분만을 따로 실었다. 부디 가볍게 들고 다니며, 무겁게 읽어주기를 바란다.

2019년 6월

영감으로 가득 찬 집필실에서

김도사

CHAPTER 2

초고 집필하기

CHAPTER 3

출판사 계약하기

CHAPTER 1

기획
하기

무엇을 쓸 것인가?

나는 책을 쓰기 전에 무엇을 쓸 것인가, 어떤 책을 쓸 것인가에 대해 고민을 많이 한다. 만일 이런 고민 없이 책을 쓰게 되면 감명이 없는 그저 그런 자비출판 성격의 책이 되고 만다.

나는 그동안 다양한 장르의 책을 써왔다. 시, 소설, 창작동화, 어린이 자기계발서, 청소년 자기계발서, 성인을 위한 에세이, 자기계발서를 펴냈다. 그런 장르에 대한 고민이 많았기 때문이다.

직장인은 자신의 전문 분야의 책을 쓰는 것이 좋다. 지금 하고 있는 일과 꼭 해야 할 일, 좋아하는 취미와 관련된 주제를 잡아서 책을 쓰는 것이 바람직하다. 만일 이러한 것들이 아닌 다른 소재를 선택하게 되면 책 출간의 기쁨이나 희열보다 '피(?)'를 보게 된다.

창의경영연구소 조관일 소장은 저서 《탁구영의 책 한권 쓰기》 저자 강연회에서 이렇게 말했다.

"우선 책을 쓰겠다고 목표를 잡아 놓으면 사물을 보는 눈이 전혀 달라져요. 그 이후에 사물을 보고, 업무를 보고, 책을 보는 자세가 다르다는 거예요. 회사 기획팀에서 근무하는 사람이 '기업을 기획 관리하는 책으로는 내 것을 능가할 수 없는, 대작 하나를 남기고 직장 생활을 그만 두겠다'고 목표를 세우면 기획에 관한 모든 자료를 다 모으게 되겠죠. 다른 곳에 기가 막힌 기획이 있다면 그 자료를 다 모을 거구요. 제가 화술에 관한 책을 쓰겠다고 목표를 세우고 나니까 대통령의 기념사를 다 모으게 되더라고요."

과거 그는 농협의 직원으로 근무하던 시절 담당업무는 채권관리였다. 일에 대한 열정이 남달랐던 그는 '어떻게 하면 채무자들을 설득해서 채권을 회수할 수 있을까'라는 방법을 고민, 연구하게 되었다. 그리하여 직원들을 상대로 연수원에서 고객 응대법을 가르치기 시작했다.

하루는 저자의 강연을 참관한 원장이 그를 따로 불렀다. 강연 내용을 책으로 펴내면 어떻겠느냐는 것이었다. 그렇게 해서 쓰게 된 첫 책이 《손님 잘 좀 모십시다》였다. 그의 저서는 이후 고객 응대에 관한 사내 매뉴얼의 근간이 되었다.

책 출간 후 그의 일상에 변화가 생기기 시작했다. 첫 책이 농협중앙회 회장의 손에까지 들어간 것이다. 하루는 회장님의 호출이 있었다. 당시 춘천에서 근무하던 그에게 서울로 올라와 중앙회 전 직원을 교육시키라는 지시가 떨어졌다. 그렇게 그는 지방에서 서울로 입성하는 데 성공했고 과장으로까지 승진했다. 조관일 씨는 당시를 회상하며 다음과 같이 술회했다.

"제가 첫 책을 서비스에 대한 주제로 쓰지 않았다면 농협에서 퇴출당했을 거예요. 농협이 필요로 하는 서비스, 친절에 대해 썼기 때문에 그 분야에서 능력을 인정받고 직장에서 아낌을 받고, 그 바람에 빨리 승진이 됐죠. 내가 지금 있는 직장에서 진심으로 튀고 싶다면 그곳에서 남다른 세계를 만들어야 해요. '내가 이런 사람이다' 내보일 수 있는 것 중에 하나가 책 쓰기입니다."

만일 조관일 씨가 자신의 전문 분야인 서비스에 관한 책을 쓰지 않았다고 가정해보라. 분명 엉뚱한 주제의 책이 되었을 테고, 책을 출간하지 못했을 것이다. 그랬다면 지금처럼 운명이 달라지지 않았을 것이다.

최고야 씨가 쓴 여행 에세이《잠보, 아프리카》가 있다. 이 책은 한 달 남짓한 기간 동안 짐바브웨, 잠비아, 말라위, 탄자니아, 케냐를 여행하면서 있었던 경험담을 모아 출간한 책이다.

나는 그녀가 쓴 책을 읽으면서 왜 하필 여행 에세이를 썼을까, 라는 의문이 들었다. 그래서 그녀의 기사를 살펴보았다. 평소 그녀는 소설, 자기계발서보다 여행 에세이를 즐겨 읽었다. 특히 회사에 입사하기 전 아프리카 여행을 준비하면서 아프리카 여행 관련 책을 많이 읽었다. 이런 책들을 읽으며 문득, '나도 아프리카 여행을 통해 겪은 무용담(?)과 생각을 정리한 여행 에세이를 출판하고 싶다'는 생각이 들었다는 것이다. 물론 그동안 책을 써본 경험도 없는데다 전공이 그 쪽도 아니었고 문장력도 부족한 탓에 무모한 도전일 수도 있었다. 그럼에도 불구하고 그녀는 도전하기로 결심했다.

직장에 다니며 틈틈이 책 쓰기에 집중해야 했기 때문에 책을 쓰는 일은 만만한 일이 아니었다. 이쯤에서 직장인들을 위해 한 가지 충고할까 한다. 상사나 동료들로부터 '쟤는 책 쓴다고 회사 일은 뒷전이야'라는 말을 듣지 않도록 주의해야 한다는 것이다. 조직의 특성상 자신은 하지 못하면서 남이 잘되려고 노력하는 꼴을 못 보기 때문이다. 그래서 자꾸 넘어지도록 태클을 걸게 된다. 가급적 책을 쓴다는 사실을 감추는 것이 좋다. 어느 정도 자신의 이름이 퍼스널 브랜딩할 때까지 말이다.

그녀는 시간을 마음대로 쓸 수 있는 주말에 원고를 집필했다. 그런 노력 끝에 일 년이라는 짧지 않은 시간에 공들여 쓴 원고가 책으로 출간될 수 있었다.

대입 수험서 분야에서 스타 저자로 알려진 이해황 씨가 있다. 그가 베스트셀러 《기술자군의 언어의 기술》을 쓰게 된 것은 수험

생 시절 언어영역에 재미를 들여 성적을 올린 경험을 후배들에게 전하고 싶은 마음 때문이었다.

그는 한 인터뷰에서 이렇게 말했다.

"혼자만 알고 있기는 아깝더라고요. 대학교 1학년 말 직접 작성한 원고를 제본해서 1인 출판했는데, 1년 반 동안 1만 5,000부가 나갔습니다."

기획의 달인으로 불리는 하우석 교수가 있다. 그는 《기획천재가 된 홍대리》, 《하우석의 100억짜리 기획노트》, 《내 인생 5년 후》 등의 저자이기도 하다. 그는 자신이 펴낸 책들 가운데 《기획천재가 된 홍대리》의 경우 처음 구상부터 출간까지 약 8개월 정도가 걸렸다고 밝혔다. 스토리텔링이란 생소한 분야에 처음 도전하는 상황이었던 탓에 어떻게 접근해야 할 지 막막해 이 부분이 가장 힘들었다고 토로한 바 있다.

요즘에야 스토리텔링 책이 넘쳐나고 있지만, 그때만 해도 참고할 만한 책이 거의 없었던 것이다. 물론 이런 고생 끝에 책이 출간되었고 고생 끝에 낙이 온다는 말이 있듯이 독자의 반응도 뜨거웠다.

책을 써본 경험자, 특히 잘나가는 저자들은 무엇을 쓸 것인가에 대해 고민한다. 그리고 그 고민의 답을 자신의 전문분야에서 찾는다. 조관일 씨, 최고야 씨, 이재황 씨, 하우석 교수는 하나같이 자신이 전문 분야의 지식과 경험, 노하우를 책으로 펴냈고 브랜딩할 수 있었다.

자, 당신도 무턱대고 무엇을 쓸 것인가, 고민하기보다 자신이 몸담고 있는 조직에서 지금 하고 있는 일, 가장 잘하는 일에 대해 고민하라. 전문 분야에 대한 책을 쓸 때 다양한 콘텐츠와 사례를 활용할 수 있기 때문이다.

무엇보다 자신이 가장 잘 아는 분야이기에 횡설수설하지 않고 힘 있고 설득력 있게 독자들의 가슴을 파고들 수 있다.

QR 코드를 스캔하시면 유튜브 〈김도사TV〉
'베스트셀러가 되는 주제 기획하는 법'
동영상을 보실 수 있습니다

독자가 원하는 것을
찾아라

얼마 전 S출판사의 한 편집자와 점심을 함께 하게 되었다. 그때 편집자가 이렇게 말했다.

"출판사에서 근무한다고 하면 후배들이 이렇게 물어요. 출판사에 취직하려면 도대체 뭘 공부해야 하나요? 사실 가장 중요한 실문이죠. 그러나 저는 반대로 물어요. '왜 출판사에 취직하려고 하세요?' 그러면 대부분 이런 대답을 하죠. '책이 좋아서요', '원래 책 보는 걸 좋아했는데 직접 책을 만들면 잘할 수 있을 것 같아서요'라는 대답이 돌아옵니다. 사실 이런 대답은 좀 황당해요."

그러면서 그녀는 이렇게 말했다.
"이렇게 대답하시는 분들 가운데 대부분이 정작 어떤 과정을 거쳐 책이 출간되는지, 출판 편집자는 무슨 일을 하는지, 출판사에 구체적으로 어떤 부서가 있는지조차 모르기 때문이죠."

　그렇다. 편집자가 되려고 하는 사람이 자신이 왜 출판사에 입사하려고 하는지 모른다면 능력 있는 편집자가 될 수 없다. 사명감이나 문제의식, 목표의식이 없는 그저 그런 직원에 불과하게 된다.

　책 쓰기도 마찬가지다. 자신이 쓰고자 하는 콘셉트와 주제의 타깃 층, 즉 독자의 니즈를 찾아야 한다. 독자들이 무엇을 원하는지, 무엇에 대해 답답해하고 알고 싶어 하는지 꿰뚫고 있어야 한다. 그래야 책을 읽었을 때 가려웠던 부분을 속 시원하게 긁어줄 수 있다.

　그런데 안타깝게도 초보 저자들은 책을 써본 경험이 없기 때문에 독자의 니즈를 찾기보다 자신의 니즈를 찾는데 급급하다. 그래서 정작 써야 할 지식이나 경험, 노하우, 콘텐츠, 사례보다 사족이 되는 것들로 가득 차 있다. 그 결과 출판사들로부터 "다른 출판사에 의뢰해보시길 바랍니다."라는 거절 메일을 받게 된다.

　"베스트셀러가 될 만한 책을 만드는 게 아니라, 쌤앤파커스가 만들어서 베스트셀러가 된다."라는 말이 있을 정도로 쌤앤파커스 출판사의 책들은 하나같이 독창적이고 참신한 콘셉트와 주제의 책들이다. 특히 타출판사와 비교되는 제목이 마음을 강하게 유혹

한다. 안 사보고는 못 배기게 하는 것이다. 그래서 나는 쌤앤파커스 출판사의 책들은 출간되면 눈여겨본다.

〈채널예스〉김수영 기자는 '쌤앤파커스가 만든 베스트셀러, 이래서 다르다'라는 주제로 한창 잘나가는 쌤앤출판사를 탐방했다. 그는 쌤앤파커스의 탐방기를 다음과 같이 그리고 있다.

"회사의 비전이 제일 먼저 눈에 들어온다. 그 뒤에는 출판사 직원 스물여섯 명의 비전이 적힌 사명선언문이 걸려있다. 사무실에서 제일 눈에 잘 띄는 곳에 붙어 있는 사명선언문에는, 각 직원의 구체적인 목표가 적혀 있다."

쌤앤파커스는 2006년 11월 설립해 지금까지 《아프니까 청춘이다》,《나는 아내와의 결혼을 후회한다》,《공부는 내 인생에 대한 예의다》 등의 여러 권의 베스트셀러, 스테디셀러를 출간하면서 출판계와 독자들에게 확실하게 자리매김했다. 출판계의 베스트셀러가 된 것이다.

역사도 깊지 않은 쌤앤파커스가 이처럼 여러 권의 베스트셀러를 펴낸 비결은 무엇일까? 김수영 기자는 출판기획을 맡고 있는 직원들을 만나 비결을 물었다. 그가 발 빠른 트렌드와 남다른 기획력의 비결을 묻자, 이들은 "전 직원이 기획자"라고 답했다.

직접 인터뷰에 실린 이야기를 들어보자.

"한 권의 책에 참여하는 인원이 많습니다. 자기 책이 아니더라도 제목 회의를 같이 하고, 원고를 같이 검토하고, 적극 피드백을 해서, 결과적으로 한 권에 많은 사람들의 기운이 더해지는 셈이죠."

김수영 기자는 이렇게 말했다.

"서로 경계 없이 아이디어를 내놓고, 내 자식 남의 자식 할 것 없이 아껴 사랑받는 한 권의 책을 만든다는 것이다."

그들은 작업했던 책들 가운데 편집 과정이나 반응이 가장 인상 깊었던 책으로 《공부는 내 인생에 대한 예의다》를 꼽았다. 그러면서 다음과 같이 말했다.

"이형진 군의 《공부는 내 인생에 대한 예의다》가 가장 인상 깊어요. 책을 만들 당시에는, 편집자인 저 자신도 이 책이 과연 사람들에게 반응이 있을지 확신이 없었어요. 책을 만드는 1년 동안 시기적으로 부모들의 관심사가 변화했어요. 공부 잘해서 성공하자는 얘기보다 공부철학에 관한 관심이 높아졌고요. 시기적으로 적절하게 출간되어 좋은 반응을 얻었고요."

"그 책과 관련된 회의를 할 때, 공부를 잘하자고 하는데 왜 공부를 해야 하는지부터 얘기해보자고 했어요. 당시 나오지 않은

얘기를 꺼냈고, 그래서 지금까지 스테디셀러로 효자 상품이 된 듯
합니다."

쉽게 말해 독자의 궁금증과 관심사를 찾기 위해 전 직원들이
함께 고민하고 소통하는 것이다. 이것이 바로 지금의 쌤앤파커스
출판사를 있게 한 동인인 셈이다. 출판사는 독자의 관심 분야를
찾기 위해 각축전을 벌이고 있다. 독자와의 소통을 얼마나 정확하
게 포착했느냐에 따라 그 책의 콘셉트와 주제가 살고 책의 성패
를 가름한다. 그래서 쉬지 않고 회의하고 또 회의하는 것이다. 책
을 쓰는 저자도 이런 치열함을 가져야 한다. 독자를 정확하게 간
파할 때 독자들이 기쁜 마음으로 책을 집어들 수 있게 된다는 것
을 기억하자. 한 편집자의 말이다.

"저는 저자들이 보내온 원고들을 검토할 때 독자들이 지갑을
열어 살 만한 가치가 있는가를 먼저 살핍니다. 그러기 위해서 생
산자의 입장에서 원고를 검토하게 되죠. '내'가 보기에 괜찮으면
되는 것이 아니라 '타깃 독자의 관심도를 충족하고 기호에 부합
하는지, 독자들과 만나 화학반응을 일으킬 원고인지 계속 고민하
게 됩니다."

03

책 제목이
바로 콘셉트다

내가 아는 편집자들의 말이다.

"제목 정하는 것이 가장 힘들어요. 어떤 책은 몇 달씩 제목 짓기에 매달리기도 하거든요. 누가 '짠' 하고 제목을 정해주었으면 하는 나만의 상상을 하기도 합니다."

"제목에 따라 그 책의 성패가 좌우된다고 해도 과언이 아니에요. 그래서 출판사들은 독자들의 눈길을 사로잡을 수 있는 제목을 짓기 위해 총성 없는 전쟁을 벌이고 있죠. 책의 콘텐츠가 아무리 뛰어나다고 해도 제목이 별로라면 독자가 그 책을 펴보지 않아요. 그러면 그 책은 얼마 지나지 않아 사장되고 말죠."

"내 아이의 이름을 정할 때 이렇게 정성을 들일 수 있을까? 책 제목을 정할 때마다 드는 생각입니다."

편집자들은 하나같이 제목 짓기가 가장 힘들다고 토로한다. 그렇다 보니 제목을 잘 뽑는 편집자가 출판사에서 유능한 직원으로 꼽힌다. 베스트셀러들 치고 제목이 빼어나지 않은 책이 없는 것만 봐도 제목이 책의 판매고에 미치는 영향이 지대하다는 것을 알 수 있다.

먼저 제목을 왜 잘 지어야 하는지부터 생각해보자. 책을 만드는 목적이 단순히 저자의 만족감을 위해서가 아니다. 많은 독자들에게 읽힐 때 책은 비로소 가치가 있을 뿐 아니라 생명력을 가지게 된다. 따라서 책 제목이 매우 중요하다. 서점에 진열되어 있는 수십만 권의 책들 가운데 독자들에게 어필할 수 있어야 하기 때문이다.

더군다나 요즘 같이 책을 읽지 않는 시대에는 책 제목 짓기는 전략 차원에서도 너무나 중요하다. 저자가 고군분투하며 쓴 원고를 온갖 고생해서 만들었지만 제목이 좋지 않아 시장에서 외면을 당한다면 저자나 출판사, 양질의 콘텐츠를 접하지 못하는 독자들 역시 손해이다.

뛰어난 편집자나 기획자들은 좋은 제목에 대해 "우선 책의 제목이 주는 임팩트가 중요하고 그 다음으로 디자인, 그리고 콘텐츠"라고 말한다. 굳이 편집자나 기획자들의 입을 빌리지 않더라도 제목이 중요하다는 것은 누구나 알고 있다. 서점에서 책을 살 때 제목과 표지에 이끌려 책을 집어 들어 펼쳐보고 구입하기 때문이다. 따라서 출판사 입장에서 책 제목은 중요한 마케팅 수단이기 때문에 인쇄 직전까지 고민한다.

〈지식노마드〉 김중현 대표이사는 칼럼 '왜 책을 쓰려고 하는가'에서 이렇게 조언했다. 나 역시 책을 쓰는 저자의 입장에서 공감하는 바가 많아 지면에 소개한다.

"내 경험상 책의 판매를 좌우하는 요소는 콘셉트 → 원고의 품질 → 마케팅·영업 활동에 대한 시장의 평가이다. 좋은 원고에 평범한 제목보다 멋진 제목에 다소 모자라는 원고의 책이 잘 팔린다. 그러나 여기서 한 가지 생각해 볼 대목이 있다. 책의 바탕은 원고의 품질이다. 콘셉트는 그 품질을 트렌드와 독자의 니즈에 맞게 잘 표현해 내는 역할을 하고 마케팅·영업은 그 콘셉트와 품질을 잠재 독자들에게 잘 알리는 일이다. 반대로 원고 품질에 문제가 많은데 제목과 콘셉트를 그럴듯하게 포장을 해서 잘 팔았다고 해도 판매가 이어지기가 어렵고 저자에 대해 독자들이 '속았다'는 평가를 내릴 위험이 크다. 그럴 경우 전문가로서의 평판에 손상이 생긴다. 나는 이것이 책을 쓸 때 고려해야 할 가장 큰 리스크라고 생각한다. 그리고 많이 팔리는 욕구 못지않게 이런 리스크도 고려해야 한다."

책과 독자를 연결시켜 주는 것은 바로 제목이다. 제목에 그 책의 콘셉트가 드러나 있어야 한다. 따라서 책이 많은 독자들에게 관심과 사랑받기 위해선 뭐니 뭐니 해도 제목이 임팩트가 강해야 한다. 그렇다면 제목을 정할 때 어떤 요소를 가미해야 할까? 다음 네 가지를 고려해야 한다.

① 서술형보다 형용사, 부사, 감탄사 등을 활용한다.
② 직설적인 제목보다는 비유적, 은유적 제목이 좋다.
③ 제목의 길이에 연연하지 않는다.
④ 제목을 들었을 때 책의 콘셉트를 파악할 수 있어야 한다.

위의 네 가지 요소를 갖추고 있는 제목을 내 나름대로 꼽아보 았다.

• 김난도 《아프니까 청춘이다》
• 장하준 《사다리 걷어차기》
• 김도사 《10대에 알았더라면 좋았을 것들》
• 김어준 《닥치고 정치》
• 우영미 《나는 너와 통하고 싶다》
• 명진 스님 《중생이 아프면 부처도 아프다》
• 칼 필레머 《내가 알고 있는 걸 당신도 알게 된다면》
• 양지숙 《운이 따르게 하는 습관》

- 임원화 《스물아홉, 직장 밖으로 행군하다》
- 이경남 《3분 명화 에세이》
- 이지성 《리딩으로 리드하라》
- 김정운 《남자의 물건》
- 스튜어트 다이아몬드 《어떻게 원하는 것을 얻는가》
- 김수영 《멈추지마, 다시 꿈부터 써봐》
- 신정근 《마흔, 논어를 읽어야 할 시간》
- 이민규 《끌리는 사람은 1%가 다르다》
- 함규정 《감정을 다스리는 사람 감정에 휘둘리는 사람》
- 한상복 《배려》
- 캔블랜차드 《칭찬은 고래도 춤추게 한다》
- 문요한 《굿바이 게으름》
- 김주한 《회복 탄력성》

어떤가? 위에 열거한 제목들은 저마다 임팩트가 강하지 않은가? 그러면서도 그 책에 어떤 콘셉트와 콘텐츠가 담겨 있을지 짐작이 가지 않는가? 이것이 바로 그 책의 생명력이라고 할 수 있다. 하루에도 수천 권씩 쏟아지는 신간의 홍수 속에서 생존하기 위해선 제목이 차지하는 비중이 매우 크다.

제목은 책의 운명을 결정한다고 해도 과언이 아니다. 제목이 중요하다 보니 베스트셀러의 제목을 유사하게 지은 제목이 성행하기도 한다. 서점에 가보면 어디선가 낯익은 제목의 책들을 심심찮게 보게 된다.

베스트셀러 《회사가 당신에게 알려주지 않는 50가지 비밀》이후 이 제목을 유사하게 흉내낸 책들이 출간되었다. 《화장품 회사가 당신에게 알려주지 않는 진실》, 《회사가 여자에게 절대 알려주지 않는 24가지 비밀》, 《의사가 당신에게 알려주지 않는 몸의 비밀》, 《리더들이 알려주지 않는 리더십의 비밀》 등 '…에게 알려주지 않는…'의 유형의 제목을 뒤늦게 패러디한 것이다.

베스트셀러 《내 몸 사용설명서》가 출간된 뒤 유사한 제목의 책들이 출간되었다. 《남자 여자 사용설명서》, 《상사 사용설명서》, 《두뇌 사용설명서》, 《남편 사용설명서》, 《서울사용 설명서》 등을 꼽을 수 있다.

2006년 출간된 《대한민국 20대, 재테크에 미쳐라》는 '…에 미쳐라' 열풍의 주역이라고 할 수 있다. 그 후 《부동산 경매에 미쳐라》, 《20대, 공부에 미쳐라》, 《대한민국 20대, 인테그에 미쳐라》, 《30대, 다시 공부에 미쳐라》 등의 유사한 제목의 책들이 출간되었다.

이외에도 2003년 출간된 《아침형 인간》은 '…형 인간'을 유행시킨 바 있다. 《위트형 인간》, 《듣기형 인간》, 《회사형 인간》 등의 책으로 이어졌다.

하나의 책이 베스트셀러가 되면 여러 출판사들이 앞다투어 비슷한 제목의 책을 내놓는다. 이는 '2등 전략'인 셈이다. 그러나 문제는 2등 전략을 취한 책에 대해 "허술한 내용을 다부진 제목으로 포장했다."라는 비난을 받는다는 것이다. 그래서 이왕이면 2등 전략을 취하기보다 자신의 책에 맞는 참신하면서도 임팩트 강한 제목을 짓는 것이 더 가치가 있다.

출판계에선 제목은 '생명'이자, '장사'라고 말한다. 그만큼 제목에 책의 성패가 달렸기 때문이다. 그래서 편집자들은 3~4주간 원고를 품은 채 몇 차례나 시안을 내고, 전 직원이 기획 단계부터 브레인스토밍으로 최고의 제목을 짓기 위해 공력을 기울인다.

자, 지금부터라도 자신이 쓰고자 하는 책의 제목을 임팩트 강하게 짓는 연습을 해보자. 책의 제목이 바로 책 콘셉트라는 것을 기억하자.

QR 코드를 스캔하시면 유튜브 〈김도사TV〉
'출판사, 독자가 원하는 제목 만들기'
동영상을 보실 수 있습니다

책의 뼈대는 목차다

책을 쓰는 것은 집 짓는 것과 같다. 누구나 집을 지을 수 있는 것처럼 누구나 책을 쓸 수 있다. 하물며 개미도 집을 짓고, 거미도 집을 짓는다. 누구나 책을 쓸 수 있다는 뜻이다. 다만 문제는 집을 짓는 스킬이 없을 뿐이다.

집을 짓는 데 있어 가장 중요한 것은 무엇일까? 설계도면을 그리는 것이다. 책 쓰기의 설계도면은 목차라고 할 수 있다. 초보일수록 화려한 집을 지을 궁리만 할 뿐 정작 중요한 설계도면은 그리지 않는다.

책 쓰기에 있어 콘셉트와 주제 다음으로 가장 중요한 것이 목차다. 목차가 정해졌다면 이미 책 쓰기의 반은 이루어진 거나 다름없다. 나는 콘셉트와 주제를 설정한 후 목차 만들기에 많은 시간과 노력을 들인다. 내가 만족할 만한 목차가 만들어지면 원고

쓰기는 일사천리로 진행된다.

목차는 책 쓰기뿐 아니라 책이 출간되었을 때도 판매에 영향을 미친다. 독자들은 책을 살 때 제일 먼저 제목과 표지, 그 다음으로 목차를 훑어보기 때문이다. 목차를 보면 그 책에 어떤 콘텐츠가 담겨 있는지 한눈에 알 수 있다. 따라서 독자들에게 강하게 어필하기 위해선 경쟁서들과 차별화되는 목차를 구성해야 한다.

이번 장에서는 책 쓰기에 뼈대가 되는 목차에 대해 설명할까 한다. 나의 저서 가운데 베스트셀러이자 스테디셀러인《10대에 알았더라면 좋았을 것들》이 있다. 이 책의 목차를 통해 어떻게 목차를 임팩트 강하면서 쉽고 간편하게 만들 수 있는지 살펴보자.

《10대에 알았더라면 좋았을 것들》이 출간된 지 여러 해가 지났지만 현재까지 베스트셀러, 스테디셀러를 유지하는 것은 임팩트 강한 제목과 한눈에 일목요연하게 알 수 있는 목차 구성에 있다고 할 수 있다.

목차를 살펴보면 '꿈', '배움', '노력과 끈기', '도전', '실수와 실패', '자기암시', '좋은 습관'이라는 콘텐츠로 구성되어 있다는 것을 알 수 있다. 이처럼 목차는 독자들이 봤을 때 한눈에 파악이 가능해야 좋다. 그래야 강하게 어필되기 때문이다.

초보 저자들은 처음 목차를 만들 때 여간 힘든 일이 아니다. 그럴 땐 나처럼 각 장들이 따로 구분되도록 하되 전체 콘셉트로 봤을 때 각 장들이 유기적으로 연결되어야 한다.

《10대에 알았더라면 좋았을 것들》의 1장 '흔들리지 않고 꿈을 향해 나아갈 때 진짜 인생이 시작된다'는 2장 '배움에는 때가 있다'와 자연스레 이어진다. 꿈이 있어야 공부를 하고자 하는 의욕이 생긴다. 그리고 공부 역시 꿈을 이루는 데 있어 매우 중요한 스킬이다. 하지만 그렇다고 해서 노력과 끈기를 간과할 수 없다. 그래서 3장에 '노력과 끈기는 성공의 나이테를 키우는 씨앗이다'와 4장 '실패로 끝난다 해도 네 자신에 대한 도전을 멈춰선 안 된다'로 목차가 이어지게 했다. 그리고 성공에 도달하기까지 도전은 무수한 실패로 이어진다. 그래서 5장 '실수와 실패를 통해서 인생을 배울 수 있다'를 추가했고, 6장 '생생하게 꿈꾸면 이루어진다'는 꿈을 향해, 자신이 원하는 것을 이룰 때까지 나아갈 수 있도록 동기부여하도록 자기암시에 대한 콘텐츠를 넣었다. 7장 '좋은 습관이 명품 인생을 만든다'라는 콘텐츠로 목차를 마무리했다.

자, 어떤가? 목차를 세밀하게 살펴보면 각 장들이 따로 놀지 않고 유기적으로 이어진다는 것을 알 수 있지 않은가. 이처럼 목차를 만들 때 각 장이 서로 유기적으로 이어지게 짜야 하는 이유가 있다. 각장에 들어가는 꼭지제목(소제목)을 정할 때 한결 수월하기 때문이다.

예를 들어, 1장 '흔들리지 않고 꿈을 향해 나아갈 때 진짜 인생이 시작된다'에는 꿈과 관련된 꼭지제목을 넣으면 된다. 2장 '배움에는 때가 있다' 역시 배움, 즉 공부와 관련된 꼭지제목으로 채우면 된다.

이처럼 복잡하게만 보이는 목차를 쪼개서 보면 간단하게 느껴진다. 나를 비롯한 대부분의 작가들이 이런 식으로 목차를 짠다는 것을 기억하라. 이렇게 목차를 짤 때 혼란스럽지 않고 쉬우면서도 간결하게 목차를 구성할 수 있다.

QR 코드를 스캔하시면 유튜브 〈김도사TV〉
'2주만에 책 쓰는 법! 완벽한 목차를 만들어라!'
동영상을 보실 수 있습니다

05

경쟁 도서
분석하기

지인 가운데 베스트셀러 작가 P가 있다. 그와 한 달에 한두 번 만나 저녁식사를 함께 먹는데, 나는 그에게 현재 10년 차 직장인들을 위해 6개월 만에 책 쓰기를 완성하는 책 쓰기 비결을 담은 책을 쓰고 있다며 베스트셀러를 쓰는 비결에 대해 넌지시 물었다. 그러자 그는 이렇게 답했다.

"딱히 비결이라고 하기에는 좀 그렇고, 제가 가장 중요하게 생각하는 것을 꼽는다면 독자의 관심사와 경쟁도서 연구와 분석이라고 말하고 싶습니다. 작가라면 당연히 독자가 어떤 부분을 알고 싶어 하고 위로 받고 싶어 하는지, 어떤 부분이 가려운지 알 수 있어야 합니다. 그 다음 내가 쓰고자 하는 분야의 경쟁도서들을 닥치는 대로 연구하고 분석하는 게 중요해요. 그래야 그 책들보다 더 나은 책을 쓸 수 있기 때문입니다. 그래서 저는 책을 쓰기 전에 100여 권에 가까운 경쟁도서를 구입해서 연구, 분석합니다. 이것이 저만의 베스트셀러를 쓰는 비결이라고 할 수 있습니다."

나는 그의 말에 동감한다. 전쟁에서 적을 이기기 위해선 적이 어떤 강점과 무기를 지녔는지 알아야 하기 때문이다. 그래야 적을 이길 수 있는 전략을 세울 수 있다.

책도 마찬가지다. 경쟁도서를 연구하고 분석해야 지금 내가 생각하는 콘셉트에서 한 단계 나은 콘셉트로 업그레이드 시킬 수 있다. 뿐만 아니라 경쟁도서를 통해 현재 트렌드까지 파악할 수 있는 이점도 있다.

그런데 특히 초보 저자들 가운데 경쟁 도서를 공부하지 않고 그냥 무턱대고 원고를 쓰는 사람들이 있다. 이런 사람들은 나름 분투하며 원고를 쓰지만 전문가인 내 입장에서 보면 한 마디로 엉망이다. 일기 형식이나 논문 형식에 가까워 도저히 출판할 수 없는 원고 상태로 보면 된다.

나는 〈한책협〉의 〈책 쓰기 과정〉에 등록한 사람들을 코칭하면서 경쟁 도서에 대해 철저하게 연구하고 분석하도록 과제를 혹독하게 낸다. 어떤 이들은 직장일 때문에 경쟁 도서에 대한 공부를 대충 하는데 그럴 때면 나는 그렇게 해선 절대 독자들의 마음을 사로잡기는커녕 출판사들로부터 외면당하기 십상이라며 힘들어도 제대로 해야 한다고 몰아세운다.

책 쓰기에 있어 경쟁도서 공부는 매우 중요하다. 아무리 강조해도 지나치지 않는다. 그렇다면 어떤 식으로 경쟁도서를 공부해야 할까? 당신이 쉽게 따라할 수 있도록 간단히 예를 들어보겠다.

먼저 자신의 장르와 타깃층에 맞는 경쟁도서 목록을 만들어야 한다. 경쟁 도서 권수는 많으면 많을수록 좋다.

청소년을 위한 자기계발서

- 《10대에 알았더라면 좋았을 것들》
- 《10대의 꿈이 평생을 결정한다》
- 《네 꿈과 행복은 10대에 결정된다》
- 《10대들의 사생활》
- 《십대답게 살아라》
- 《바보처럼 공부하고 천재처럼 꿈꿔라》
- 《아들아, 머뭇거리기에는 인생이 너무 짧다》

청춘을 위한 자기계발서

- 《꿈꾸는 자는 멈추지 않는다》
- 《아프니까 청춘이다》
- 《청춘아, 너만의 꿈의 지도를 그려라》
- 《방황해도 괜찮아》

- 《나는 아직 어른이 되려면 멀었다》
- 《청춘아, 가슴 뛰는 일을 찾아라》
- 《늦지 않았어 지금 시작해》
- 《내가 걸은 만큼만 내 인생이다》

마흔을 위한 자기계발서
- 《마흔, 논어를 읽어야 할 시간》
- 《마흔, 지금 시작하면 좋을 것들》
- 《아플 수도 없는 마흔이다》
- 《마흔에 읽는 손자병법》
- 《마흔, 당신의 책을 써라》
- 《마흔 이후, 이제야 알게 된 것들》
- 《남자의 마흔》
- 《마흔, 인간관계를 돌아봐야 할 시간》

초등학생 자녀를 둔 부모를 위한 자녀교육서
- 《내 아이의 속마음》
- 《아이를 잘 키운다는 것》
- 《아이의 자존감》
- 《양육쇼크》
- 《생각하는 아이, 기다리는 엄마》

- 《EBS 60분 부모》
- 《보통 엄마의 천재아이 교육법》
- 《빨라지는 사춘기》

경쟁 도서는 20~30권 정도가 적당하다. 물론 더 많아도 되겠지만 지나치게 되면 시간과 에너지 낭비하게 된다.

이제 경쟁 도서들을 한 권씩 연구 분석하며 읽어나가는 일이 남았다. 이때는 '경쟁 도서 공부 노트'를 준비해서 세밀하고도 철저하게 강점과 단점, 개선해야 할 점 등을 기록해야 한다. 이런 과정을 거치다 보면 경쟁 도서들을 뛰어넘는 책을 집필할 수 있는 안목이 생긴다. 그래서 베스트셀러 저자들은 경쟁 도서를 공부하는 과정을 절대 소홀히 하지 않는다.

06

출간 계획서쓰기

현재 〈책 쓰기 과정〉을 신청하는 분들이 많다. 이들 중 대다수가 혼자서 몇 년 간 끙끙대며 책을 쓰다가 좌절하다가 등록하거나 다른 책 쓰기 코치들에게서 만족하지 못한 사람들이다.

한 회원의 말에 의하면 요즘 책을 쓰고자 하는 사람들 사이에 "〈한책협〉에 가면 무조건 책 출간으로 이어진대.", "거기에는 수강 등록한 지 일 년도 안 되어 책을 내는 사람들도 수두룩해."라는 말이 회자될 정도라고 한다. 그만큼 나는 23년 동안 200여 권의 책을 펴내면서 다른 책 쓰기 코치들에게는 없는 나만의 누구나 작가가 될 수 있는 노하우를 가지고 있다고 자부한다.

나는 그동안 책쓰기에 도전했다가 좌절과 절망 끝에 포기한 사람들을 많이 만날 수 있었다. 그들을 통해 그들이 책 쓰기를 포기할 수밖에 없었던 한 가지 이유를 알 수 있었다.

'출간 계획서'를 쓰지 않고 무턱대고 책을 쓴다는 것.

언제까지 원고 쓰기를 마칠 것인지 데드라인을 정하지 않고 그냥 쓴다는 것은 너무나 무모한 짓이다. 자신이 생각하는 집의 모델과 공사 기간을 정하지 않고 무턱대고 집을 짓는 것이나 다름없다. 공사 비용만 한없이 들 뿐 공사의 진척은 보이지 않게 되고 집주인의 실망과 부담만 늘어나게 된다.

책 쓰기도 마찬가지다. 어떤 기획의도로 이러한 콘셉트와 주제로 책을 쓰고자 하는지, 예상 원고 내용, 저자 프로필, 타깃 독자층, 경쟁 도서, 집필 기간, 마케팅 전략까지 나와 있어야 한다. 그래야 전체 얼개가 눈에 그려져 책 쓰기에 대해 자신감을 가질 수 있다.

다음은 내가 책을 쓰려는 사람들에게 주문하는 출간 계획서이다. 책을 쓰고자 하는 열망을 가진 사람이라면 누구나 반드시 써야 하는 핵심 과제라고 할 수 있다.

출간 계획서를 작성할 때 가장 중요한 것은 무엇일까? 나는 마케팅 전략을 제외한 나머지 모두 중요하다고 생각한다. 그렇다면 마케팅 전략은 왜 다른 요소들에 비해 덜 중요할까? 사실 원고를 완성하는 데 있어 이 요소는 그다지 중요하지 않다. 마케팅 전략은 내 책이 출간되었을 때 출판사의 마케팅에 이어 저자의 마케팅력까지 보탠다는 데 의의가 있다고 보면 된다.

나중에 책이 출간되었을 때 책의 공신력을 더하기 위해 추천사를 써줄 분들을 미리 생각해놓는 것도 좋다. 추천사를 부탁할 대상은 자신의 지인이면서 책의 성격과 맞는 분야에서 인지도가 높고 믿고 신뢰할 수 있는 사람들이어야 한다. 이런 사람들의 추천사가 실려 있다면 독자들이 책을 사고자 하는 마음이 90%라면 부족한 10%를 추천사의 공신력이 채워주게 된다.

다시 말하지만 책을 쓰고자 하는 초보 저자에게 있어 출간 계획서는 매우 중요하다. 절대 대충대충 출간 계획서를 작성해선 안 된다. 소홀히 하는 순간 책 출간의 꿈은 세상에 꽃을 피워보지 못한 채 중도에 포기하고 만다.

출간 계획서는 책 쓰기 여행을 떠나는 사람에게 있어 내비게이션과 같다. 자신이 가진 내비게이션의 성능에 따라 원고의 완성도, 원고 집필 기간과 출판사의 규모, 판매 부수 등이 달라진다는 것을 기억하자.

QR 코드를 스캔하시면
유튜브 〈김도사TV〉 '출간 계획서 작성하기'
동영상을 보실 수 있습니다

출간 계획서

· **기획 의도** : 왜 이 책을 쓰고자 하는지 의도를 비교적 자세하게 적는다. 다른 책들과 차별화되는 점도 곁들여도 좋다.

· **가제** : 책의 주제나 콘셉트가 담겨 있는 책의 제목을 쓴다. 제목을 보고도 이 책이 무엇을 말하는지 알 수 있어야 한다.

· **예상 내용** : 쓰고자 하는 책의 내용에 대해 적는다. 각 장에 들어 있는 각 꼭지에 어떤 내용이 들어갈지 비교적 상세하게 쓰는 것이 좋다.

· **저자 프로필** : 저자의 프로필과 함께 저자만의 스펙이나 경쟁력을 풀어서 쓰는 것이 좋다.

· **타깃 독자** : 책을 기획할 때 염두에 두었던 연령층을 쓰면 된다.

· **경쟁 도서** : 기존에 비슷한 주제나 콘셉트로 나와 있는 책들을 세밀하게 비교분석한 후 그 책들과 자신이 쓰는 책의 장점을 설명하듯이 쓴다.

· **집필 기간** : 원고 쓰기를 언제 시작해서 언제 마질 것인지 데드라인을 정한다.

· **마케팅 전략** : 책이 출간된 후 출판사에 홍보와 마케팅을 전적으로 맡기기보다 저자가 함께 마케팅을 위해 노력하면 책의 판매고에 영향이 미친다. 출간 기념회나 강연, 블로그 마케팅을 할 것인지 동원 가능한 마케팅 전략을 생각한다.

CHAPTER 2

초고
집필하기

집필 계획 세우기

당신은 한 달에 걸쳐서 어떤 장르와 콘셉트, 주제의 글을 쓸 것인지 고민했다. 그 결과 지금 하고 있는 업무나 취미생활 등을 토대로 퍼스널 브랜딩이 가능한 책을 기획했다. 그리고 출간 계획서까지 작성한 당신에게 남은 것은 초고를 써내려가는 일이다.

그러나 무턱대고 초고를 써내려가선 안 된다. 이는 생각 없이 목적지를 향해 날려가는 것과 같다. 누저지를 최대한 힘 안 들이고 쉬우면서도 빨리 가는 전략을 생각해야 하기 때문이다. 책 쓰기에 있어 이 과정을 '집필 계획 세우기'라고 말한다. 기성 저자들은 집필 계획을 자신의 환경에 맞게 세워서 환경이 자신을 이롭게 하는데 반해, 초보 저자들은 의욕이 앞서다 보니 환경과 자주 부딪히게 된다. 그러다 보니 책 쓰기 초반 레이스부터 벽에 부딪히는 시련을 겪곤 한다.

얼마 전 한의원을 운영하는 K 원장과 짧은 미팅이 있었다. 그는 현재 나에게 책 쓰기 코칭을 받고 있다. 요즘 그는 아내의 부정적인 말에 초반에 다졌던 책 쓰기에 대한 자신감이 무너지고 있다고 토로했다. 종종 아내로부터 "책은 아무나 쓰느냐?", "책 쓸 시간에 아이들에게 관심 좀 가져라." 등의 핀잔을 듣는다며 그때마다 자신의 각오가 무뎌진다는 것이었다.

나는 그에게 이렇게 물었다.

"원장님, 원고는 새벽과 밤 시간대 중 어느 시간에 쓰십니까?"

"밤에 주로 쓰는 편입니다. 제가 아침잠이 많은 편이어서요. 9시부터 11시까지 두 시간가량 쓰려고 애쓰고 있습니다."

"네, 그런데 밤에 쓸 때 졸음이 쏟아지면서 힘들지 않습니까?"

"사실 하루 종일 환자들과 씨름한 탓에 책상에 앉으면 졸음이 파도처럼 밀려옵니다. 그래도 꾹 참고 키보드를 두드리고 있습니다. 어떤 날에는 눈꺼풀이 천근만근 무겁게 여겨져 책상에 앉은 지 30분 만에 포기하고 잠자리에 들 때도 있구요."

"제 생각에는 원고를 쓰는 시간대를 밤 시간대보다 새벽 시간대로 바꾸는 것이 나을 듯합니다. 남편이 하루 종일 한의원에서 고생하다 피곤한 몸으로 밤 시간에 가족들과 함께 시간을 보내거나 휴식을 취하기보다 책을 쓰느라 고생하는 모습을 아내가 보게 되면 안타까운 생각이 들게 마련입니다. 따라서 새벽 5시에 기상해서 7시까지 두 시간가량 원고를 쓴다면 가족의 시선을 피하면서도 더욱 생산적으로 원고를 쓸 수 있습니다. 특히 새벽에는 하루 가운데 기운이 가장 왕성한 시간대여서 밤에 쓰는 원고량보다 훨씬 많은 양의 원고를 쓸 수 있습니다."

K 원장은 나의 조언대로 책 쓰는 시간대를 밤에서 새벽으로 바꾸었다. 그러자 그때부터 아내로부터 부정적인 소리를 듣지 않게 되었다. 오히려 아내는 아침잠이 많은 남편이 새벽 일찍 일어나 매일같이 열심히 책을 쓰는 모습에 달리 보게 되었다. 그리고 덩달아 아내와 아이들도 일찍 자고 일어나게 되어 훨씬 활기찬 가정으로 변했다.

그처럼 환경이 책 쓰기에 도움이 되는 집필 계획을 세워야 한다. 그래야 환경과 부딪히지 않으면서 즐겁게 책을 쓸 수 있다. 나역시 새벽 5시에 기상해 샤워를 한 후 간단한 스트레칭 후 따뜻한 물 한 잔을 마시고 곧장 집필에 들어간다. 특별히 강연이나 인터뷰 등과 같은 외부활동이 없는 날은 오전 내내 책 쓰기에 매달린다. 그러면 원고지 65매가량 쓰게 된다.

7년 전만 해도 나는 새벽보다 밤 시간대에 책을 썼다. 당시에는 지금에 훨씬 못 미치는 원고지 30여장 정도 분량 밖에 쓸 수 없었다. 그 이유는 키보드를 두드리고 있으면 울려대는 핸드폰 소리와 외부 소음들이 몰입을 방해했기 때문이다. 여기에다 밤 11시가 넘어서면 졸음이 쏟아지는 통에 자주 '그냥 잘까?', '좀 더 쓰다가 잘까?' 이런 두 가지 생각과 다투어야 했는데, 이 과정에서 많은 에너지가 소모되었던 것이다.

그러나 집필 시간대를 새벽으로 전환하고 나자 책 쓰기를 방해하는 모든 요소들이 제거되었다. 그리하여 새벽 시간과 오전 시간 동안에는 온전히 쏟을 수 있었다. 마흔세 살인 내가 200여 권의 책을 쓸 수 있었던 것 역시 책 쓰기에 도움이 되도록 환경을 활용했기 때문이다.

초고 집필까지 3개월 안에 마치는 것이 좋다. 그동안 내가 많은 책을 써본 경험상 초고 집필 기간이 3개월이 넘어서면 자신도 모르게 정체되기 때문이다. 처음에 가졌던 날이 섰던 각오는 서서히 무뎌져 책을 써야 할 이유보다 쓰지 않아도 되는 이유와 핑계를 찾게 된다는 말이다.

특히 책 쓰기는 자신의 모든 역량을 집중해서 쓸 때 보다 완성도 높은 초고를 완성할 수 있다. 그런데 3개월이라는 시간에 집중적으로 쓰기보다 쉬어가며 초고를 쓰게 되면 책 쓰기의 맥이 끊기게 된다. 그만큼 완성도는 낮아지게 된다.

반드시 언제까지 초고를 마칠 것인지 '데드라인'을 정해야 한다. 나는 어떤 일이 있어도 2개월을 넘기지 않는다. 2개월 이상이 넘어서면 나도 모르게 초고를 쓰는 시간이 즐거움보다 고통으로 바뀌게 된다. 그러면서 운명을 바꾸는 책 쓰기보다 덜 중요하면서 시급한 일에 매달리게 된다. 그러나 2개월 안에 무조건 초고를 마치기로 마음먹으면 일상은 책을 쓰는 것을 중심으로 돌아가게 된다. 그러니 절대 책 쓰기를 방해하는 요소와 다툴 일도 없다.

나는 하루에 2~3꼭지를 쓰는 편이다. 하루 2꼭지를 쓰면 한 달에 60~90꼭지를 쓴다는 말이 된다. 보통 책 한 권에 40~50꼭지로 구성되어 있는 만큼 한 달 안에 책 한 권을 쓸 수 있게 된다. 당신도 나처럼 하루에 몇 꼭지를 쓸 것인지 계획할 필요가 있다. 하루에 한 꼭지를 쓴다면 두 달이 좀 안 되어 초고를 완성할 수 있고, 시간이 여의치 않아 이틀에 한 꼭지를 쓴다면 두 달 정도면 충분히 초고를 마칠 수 있다. 책을 쓰는데 있어 이런 데드라인이 꼭 필요하다.

'하루 몇 꼭지 쓸 것인가'는 오늘 하루 어떤 일을 하며 보낼 것인가와 일맥상통한다. 아무런 계획이나 생각 없이 책상에 앉게 되면 한 꼭지 쓰는데 일주일 이상 걸리게 된다. 왜? 책을 쓰는 데 있어 긴장미가 없기 때문이다. 그래서 집필 시간이 한없이 늘어나게 된다. 중도에 책 쓰기를 포기하는 사람들 가운데 데드라인을 정하지 않고 쓰는 사람들이 많다는 것을 감안하면 집필 계획 세우기에 있어 데드라인 정하기는 매우 중요하다고 할 수 있다.

집필 계획을 세웠으면 이제부터 본격적으로 초고 쓰기 레이스에 집중하면 된다. 포기하지 않으면 초고는 무조건 완성된다. 그리고 공들여 쓴 초고라고 해도 그대로 책으로 출간하기에는 무리가 있다. 좀 심하게 표현하면 형편없게 마련이다. 그렇다고 해서 긴장하거나 불안해할 필요는 없다. 베스트셀러 저자들도 형편없는 초고를 거듭 수정에 수정을 거쳐 옥고로 재탄생시키기 때문이다.

집필 계획이 없이 초고를 쓰는 것은 공사 기한 없이 집을 짓는 것과 같다. 언제 완공이 될지 아무도 알 수 없다. 일 년에 10여 권의 책을 쓰는 공병호 박사는 자신의 책 쓰는 노하우를 이렇게 조언했다.

"책을 쓰기 전에 머릿속에 짜임새 있는 청사진을 그린 뒤 그것을 주제당 원고지 20~25장 분량의 덩어리 40개로 나눠 칼럼을 쓰듯이 매일 한 꼭지씩 꾸준히 쓰면 그게 바로 책이 된다."

여기에다 '집필 계획'이 반드시 뒷받침되면 초고를 데드라인 안에 무사히 마칠 수 있다.

QR 코드를 스캔하시면 유튜브 〈김도사TV〉
'직장은 꿈을 이룰 수 있는 최고의 환경이다!'
동영상을 보실 수 있습니다

첫 문장은
일단 쓰고 고민하라

현재 책 쓰기 코칭을 받고 있는 한 회원의 말이다.

"글을 쓰는 데 있어 첫 문장 쓰기가 가장 어려운 것 같습니다. 머릿속에서 맴돌 뿐 생각처럼 술술 써지지 않아요. 그래서 쓰다가 지우고 쓰다가 지우고, 그러다 보면 30분, 1시간이 지나도 몇 줄 정도밖에 못 쓸 때가 많습니다. 이럴 땐 어떻게 해야 하니요?"

사실 첫 문장 쓰기는 나를 비롯한 전문 작가를 비롯한 초보 저자들 모두에게 힘든 과정이다. 오죽했으면 미국의 동화 작가 E.B 화이트가 이런 말을 했을까?

"위대한 글쓰기는 존재하지 않는다. 오직 위대한 고쳐 쓰기만 존재할 뿐이다."

4,500만 부 넘게 팔린《샬롯의 거미줄》은 영화로 제작 되어 큰 인기를 누렸다. 또《스튜어트 리틀》을 쓴 세계적인 작가 역시 고쳐 쓰기를 강조하고 있다. 그가 '고쳐 쓰기'를 강조하는 이유는 간단하다. 글은 단번에 완벽하게 쓸 수 없으니 꾸준한 고쳐 쓰기가 필요하다는 뜻이다. 고치는 가운데 글의 완성도가 높아지기 때문이다.

첫 문장 쓰기에 있어 불안하고 두려운 것은 당연한 감정이다. 왜? 사람이니까. 그래서 글을 쓰기 전에 많은 고민과 쓰고자 하는 꼭지에 대한 공부, 콘텐츠, 사례가 확보되어 있어야 한다. 재료감이 많을수록 첫 문장을 쓰는 데 있어 덜 막막하고 덜 두렵기 때문이다.

소설《노인과 바다》로 유명한 헤밍웨이 역시 "모든 초고는 걸레다!"라는 다소 과격한 말로 고쳐 쓰기를 강조했다. 따라서 모든 작가에게 초고는 타인에게 보여줄 수 없는 형편없는 글이다. 그러나 초고를 계속 다듬는 퇴고 과정에서 좋은 글이 완성된다.

신문기자 출신인 헤밍웨이는 간결한 글쓰기를 중요하게 생각했다. 그의 소설은 고쳐 쓰기를 통해 군더더기 없는 완벽한 문장으로 재탄생할 수 있었다.

나는 첫 문장을 쓰는 데 있어 나만의 노하우가 있다. 실제 나의 저서에 실려 있는 몇 개의 꼭지 첫 문장을 통해 한 번 살펴보자.

이영권 박사와의 공저 《남자 스피치》

① '한끗의 승부 스피치에 있다'

-첫 문장

"어느 분야를 막론하고 회사에서 인정받고 승승장구하는 사람은 스피치 능력이 탁월하다는 것을 알 수 있다."

② '답은 공감대 형성에 있다'

-첫 문장

"얼마 전 지방의 한 호텔에서 CEO들을 대상으로 특강을 진행한 적이 있다."

③ '김도사의 Talk' 프로와 아마추어

-첫 문장

"강사는 크게 프로와 아마추어, 두 부류로 나눌 수 있다."

김도사, 《마흔, 당신의 책을 써라》

① '작가는 만들어진다'

-첫 문장

"작가는 타고나는 것일까, 아니면 만들어지는 것일까. 대부분의 사람들은 작가는 만들어지기보다 타고난다고 생각한다. 그 이유로 나는 다음 세 가지를 꼽는다."

② '나는 이렇게 작가가 되었다'

-첫 문장

"대학교 졸업 후 나는 누구보다 치열하게 살았다. 다르게 말하면 사람들이 보기에 어쩌면 저렇게 불쌍하게 살까, 할 정도로 불쌍하게 살았다."

③ '지금의 나를 있게 한 버킷리스트'

-첫 문장

"과거의 나는 작가가 되기 위해 많은 좌절과 절망의 시간을 보냈다. 내면에 내 이름으로 된 책을 반드시 세상에 내놓겠다는 확신과 자신감으로 가득찼지만 거듭되는 출판사들의 거절 통보에 조금씩 무너져갔던 기억이 난다."

《남자 스피치》, 《마흔, 당신의 책을 써라》의 몇 가지 사례를 통해 내가 첫 문장을 어떻게 시작했는지 살펴보았다. 모든 꼭지에서의 첫 문장의 공통점이 있다. 가볍게 터치하듯이 첫 문장을 시작했다는 것이다. 과거 나는 첫 문장을 쓰기 위해 하루 종일 고민하곤 했다. 그러다 어느 날 문득 첫 문장을 진중하지 않고 가볍게 터치하듯 쓰면 쉽다는 것을 깨달았다. 그래서 책 쓰기 수업을 듣는 회원들에게 터치하듯 써야 한다고 조언한다.

백청일 논술 멘토링 원장은 2012년 6월 14일자 〈광주드림신문)의 '백선생의 말과 글'에서 첫 문장에 대한 두려움을 극복하고 글을 잘 쓰기 위한 비결로 다음 세 가지를 꼽는다.

첫째, 쓰기 전에 생각을 많이 하라!

많은 사람들이 글을 쓰면서 생각을 많이 하지는 않습니다. 대신에 쓰면서 고치고 쓰면서 고치고 하는 데 시간을 많이 들이지요. 생각을 하지 않고 글을 쓰는 버릇을 바둑에 비유하면, '손 따라 둔다'고 할 수 있습니다. 바둑은 한 수, 한 수 생각하면서 둘 때 기력이 향상됩니다. 바둑을 둘 때 마음이 급하면 상대방이 두기 바쁘게, 달리기 경주하듯 바로바로 두지요. 그러면서도 '이렇게 두면 바둑이 늘지 않는데, 에이, 그래도 마음이 급한데 어떻게 할 수가 없단 말이야' 하는 말을 늘 되풀이 합니다. 즉, 본인도 어떻게 해야 한다는 걸 알고 있으면서도 '실천'하지 않는다는 거죠. … 글 쓸 때도 마찬가지랍니다. 생각을 많이 해야 한다는 걸 많은 사람들이 알고 있답니다. 생각을 묵혀 두지 않으면 좋은 글이 나오지 않는다는 걸 알면서도 잘 쓰지 못하는 건 바로 '실천'을 하지 않기 때문이지요. 글을 쓸 때면 생각하기가 귀찮고 싫으니까 대충 생각하고 글쓰기를 하는 거겠죠. 이렇게 해서는 좋은 글을 쓸 수 없다는 걸 명심해야 합니다.

둘째, 두려움을 없애라!

쓰기 전에 생각을 많이 했으면 그 다음 단계는 일단 시작하는 겁니다. 이것저것 생각할 것 없이 무조건 열심히 쓰라는 거지요. 여기에는 두 유형이 있는데요, 진짜 글쓰기 초보와 초보가 아닌 사람입니다. 진짜 글쓰기 초보의 경우에는 쓰기 전에 생각을 많이 하고 자료조사도 했으면 무조건 쓰는 게 좋습니다. 우리는 무슨 시합에 나온 게 아니잖아요? 글쓰기 대회에 나가는 게 아니라는 겁니다. 그러니까 사전에 내 머릿속에서 생각을 정리한 대로 그냥 쓰면 됩니다. 그냥 내가 원하는 방식으로 무조건 쓰는 거지요. 그리고 또, 씁니다. 그리고 또 쓰고요. 그러다 보면 내 생각이 좀 더 분명해지고, 어느 정도 시간이 지나면 내 자신이 보이기 시작합니다. 자신의 생각과 내면, 그리고 진짜 자기 실력이 솔직하게 보이기 시작합니다. 그때의 내 자신을 그냥, 솔직하게 인정하면 됩니다. 그런데 그때 바로, 비로소, 자신감이 생긴답니다. 그런 자기를 인정하는 그 순간이에요.

셋째, 끊임없는 비판과 수정을 통해 글쓰기를 완성해라!

자기가 쓴 글을 다 썼다고 그냥 제출하면 안 됩니다. 꼭 비평을 받아야지요. 누구에게요? 두 사람이 있습니다. 자기 자신과 글 잘 쓰는 사람에게요. 자신이 평가하는 걸 '고쳐쓰기'라고 합니다. 그리고 글 잘 쓰는 사람이 평가하는 걸 '첨삭' 한다고 하구요. 자기 글을 자신이 다시 읽고 다시 읽기를 반복해서 매끄럽게 만드는 노력을 열심히 하다 보면 잘못 썼다거나 문제가 있다는 걸 알게 됩니다. 물론 창피해 하지 않고 글 잘 쓰는 사람에게 늘 보여주어서 평가를 받으려는 노력이 함께 병행되었을 때지요. 혼자서 쓰면 늘지 않습니다.

초고는 가볍게 쓰되, 퇴고는 진중히 하는 것이 책 쓰기의 원칙이다. 마지막으로 백청일 논술 멘토링 원장의 조언을 깊이 생각해 보자.

"아마추어들이 생각날 때까지, '그 분'이 오실 때까지 마냥 기다리다가는, 아마 오늘이 아니라 일주일, 한 달이 지나도 못 쓸 경우가 많을 겁니다. 그러니까 역시 글쓰기를 좀 한 사람도 쓸 때는 '무조건 써라'입니다 무조건 쓰다 보면 쓰는 과정에서 당연히 초보자의 경우와는 다른 경기를 보인답니다."

베끼고
훔치고 창조하라

직장인이라면 누구나 책을 쓸 수 있다. 더군다나 이 책을 집어든 사람들은 대부분 직장 10년 차에 가깝거나 넘어선 직장인들이다. 10년 동안 한 분야에서 한 우물을 팠다는 것은 이미 그 분야에 자신만의 지식과 경험, 노하우를 갖추고 있다는 뜻이다. 따라서 책 한 권 쓰는 데 큰 어려움이 없다. 결단과 용기만 있다면 말이다.

그런데 왜 세상에는 10년 차 직장인들이 헤아릴 수 없이 많은데 책을 내는 이들은 극소수에 불과할까?

① 저서가 자신의 인생에 어떤 긍정적인 영향을 미칠지 모른다.
② 지금 몸담고 있는 직장이 평생직장이 될 거라고 착각한다.
③ 책은 아무나 쓸 수 없다고 생각한다.

④ 저자가 되고 싶다는 생각만 가지고 있을 뿐 책을 쓰기 위해 그 어떤 노력도 기울이지 않는다.

나는 외부 특강에 초빙되어 가거나 책 쓰기 수업을 할 때 위의 4가지를 입버릇처럼 주지시킨다. 그래야 그들이 책 쓰기를 포기하지 않고 끝까지 완수해낼 수 있기 때문이다.

참으로 안타까운 것이 많은 사람들이 책은 아무나 쓸 수 없다고 여긴다는 것이다.

"학창시절 문학과는 거리가 멀었던 제가 어떻게 책을 써요?"

"책은 전문 작가나 할 수 있는 일이라고 생각해요."

"책 한 페이지도 쓸 자신이 없는데 어떻게 그 두꺼운 책을 쓸 수 있겠어요?"

이들이 이렇게 지레 겁먹는 것도 공감은 된다. 주변에 책을 쓰는 작가도 없거니와 어려서부터 부모나 사람들로부터 책은 아무나 쓸 수 없다는 부정적인 말을 들으며 성장했기 때문이다.

사실 나 역시 과거 이와 같은 말을 수백 번, 수천 번도 더 들었다. 스무살 시절, 내가 작가가 되어야겠다고 결심했을 때 그들이 내 마음에 심어놓았던 '할 수 없다'는 부정적인 씨앗에 내내 괴롭힘을 당해야 했다. 그러나 나는 내 단호한 결심을 지독한 노력과 도전으로 옮겼고 마침내 초·중·고등학교 교과서에 글이 실리는 베스트셀러 작가가 될 수 있었다.

사람들은 왜 자신이 글을 잘 쓰지 못한다고 생각하는 것일까? 글을 잘 쓰기 위해 그 어떤 '노력'도 기울이지 않는다는 것이다. 자전적 에세이《황홀한 글감옥》을 펴낸 소설가 조정래 씨는 글을 잘 쓰는 비법에 대해 다독(多讀)·다작(多作)·다상량(多商量)이라는 중국 남송시대 구양수의 유명한 말을 인용하면서 많이 읽고 많이 쓰고 많이 생각해야 한다고 충고했다. 글을 잘 쓰기 위해선 많이 읽고, 많이 쓰고, 많이 생각한다. 여기에다 일간지의 사설이나 칼럼을 필사한다면 문장력은 단기간에 좋아지게 된다. 다독, 다작, 다상량은 글쓰기의 기본이다. 좋은 글을 많이 읽고 또 명문장을 베껴 쓰다 보면 자신도 모르게 좋은 문장력을 가질 수 있다. 그래서 나는 책을 쓰려는 사람들에게 자신의 생각을 노트에 적는 훈련을 하라고 한다.

그런데 많이 읽고 쓰더라도 여전히 의문이 있다. 책은 단순한 글쓰기와는 차원이 다르기 때문이다. 이는 곧 책을 쓰기 위한 '방법론'을 의미한다. 상식적으로도 원고지 10~20장 분량의 글쓰기와 1,000장 분량의 책 쓰기는 절대 같을 수 없다. 그래서 책을 쓰기 위해선 각 꼭지 제목에 맞는 콘텐츠, 즉 사례가 확보되어 있어야 한다. 콘텐츠 없이 그저 내 생각만으로 책을 쓴다는 것은 에세이나 소설에서나 가능하다. 에세이나 소설은 극히 주관적이기 때문이다. 나와 당신이 쓰고자 하는 책은 대부분 실용서이다. 따라서 책의 콘셉트와 주제에 대한 공신력을 얻기 위해선 반드시 객관적인 콘텐츠와 사례가 필요하다.

책을 써본 사람들은 원고지 1,000매 분량을 쓴다는 것은 무엇보다 '체계'가 잡히지 않으면 절대 불가능한 작업이라는 것을 잘 알고 있다. 그래서 책을 쓸 때 가장 신경 써야 할 것은 책의 제목을 정한 뒤 목차 세우기이다. 여기서 제목은 곧 책의 메시지와 같다. 어떤 내용으로 쓰겠다는 것을 가리킨다. 이와 함께 메시지를 작은 주제들로 여러 개 나누는 작업이 필요하다. 그런 다음 목차의 순서를 정하고 이를 다듬어야 한다. 이렇게 되면 전체 작업의 절반은 끝난 것이나 다름없다. 왜냐하면 나머지는 제목과 목차에 맞게 자료를 수집 분류한 뒤 주제별로 하나하나 써나가면 된다. 그러면 실상 이는 보고서를 쓰는 것과 크게 다르지 않다.

내가 쓴 베스트셀러 《10대에 알았더라면 좋았을 것들》이 있다. 이 책의 '1장 꿈을 향해 나아갈 때 진짜 인생이 시작된다'라는 챕터의 '01 꿈꾸는 것만 얻을 수 있다'라는 꼭지 제목이 있다. 이 꼭지에는 아래와 같이 유명인의 명언이 인용되어 있다.

세계적인 성공 컨설턴트인 브라이언 트레이시는 다음과 같이 말했다. 그의 말을 가슴에 새겨보자.

"성공적인 모든 사람들은 가슴속에 큰 꿈을 품은 사람들이었다. 목표를 설정하지 않는 사람들은 목표를 뚜렷하게 설정한 사람들을 위해 일하도록 운명이 결정된다."

그리고 '02 성공의 크기는 꿈의 크기에 비례한다'의 꼭지 제목에는 미국의 첫 흑인 여성 국무장관인 콘돌리자 라이스와 미국 첫 흑인 대통령 버락 오바마의 사례가 실려 있다.

1964년, 열 살의 어떤 흑인 소녀가 부모님과 함께 백악관을 구경하고 있었다. 한동안 백악관 주위를 서성이며 천천히 건물 외관을 살피던 소녀가 침묵을 깨며 말했다.

"아빠, 제가 저 안으로 들어가지 못하고 이렇게 밖에서 백악관의 겉모습만 구경해야 하는 건 피부색 때문이죠? 하지만 두고 보세요. 저는 반드시 백악관 안으로 들어갈 거예요."

25년 후, 소녀의 예언은 그대로 적중했다. 그녀는 소비에트 체제가 붕괴되고 독일이 통일되던 시기에 미국 대외정책을 주도하는 수석 보좌관으로서 백악관에서 조지 부시 전 대통령과 일하게 된 것이다.

그리고 11년 뒤에는 그의 아들인 조지 부시 현 대통령의 국가

안보 보좌관으로 백악관에 다시 들어갔다. 이 이야기의 주인공은 미국의 첫 흑인 여성 국무장관인 콘돌리자 라이스다.

당시 백악관을 둘러보고 있던 사람은 수십만 명이었다. 하지만 그녀는 수십만 명과는 다른 눈으로 그곳을 보았던 것이다. 그녀는 그곳에서 자신의 꿈을 깨닫고 그 꿈을 실현하기 위해 30년에 가까운 세월동안 끊임없는 노력을 했고 마침내 꿈을 이루었다.

미국 역사상 첫 흑인으로 제 44대 미국 대통령에 당선된 버락 오바마. 어린 시절을 아버지 없이 조부모와 보내야 했던 그는 자신의 꿈에 대해 의심하지 않았다. 오바마가 자카르타 내 가톨릭 계통의 아시시 초등학교를 다닐 때 있었던 일이다. 작문 시간에 선생님은 아이들에게 꿈에 대해 적도록 하고는 각자의 꿈을 발표하도록 했다. 선생님의 말에 아이들은 한 사람씩 꿈에 대해 말했다.

"제 꿈은 사업가가 되는 거예요."
"저는 훌륭한 과학자가 되고 싶어요."
"선생님이 되는 것이 제 꿈이에요."

잠시 후 오바마의 차례였다. 오바마는 가슴이 두근거렸다. 결코 긴장되거나 떨려서 때문이 아니었다. 자신의 꿈이 다른 아이들에 비해 너무나 컸기 때문이다.

그러나 오바마는 용기를 내어 말했다.

"제 꿈은 미국의 대통령이 되는 것입니다."

그 순간 교실 안은 침묵에 휩싸였다. 잠시 후 아이들은 키득키득 웃기 시작했다.

"흑인이면서 어떻게 미국의 대통령이 된다는 거야?"

모두들 수군거렸다. 하지만 오바마는 주눅 들지 않았다. 꿈은 꾸는 자의 것이고, 반드시 이루어진다는 것을 믿었기 때문이다.

그날 이후로 오바마는 아이들에게 더욱 따돌림을 당했다. 흑인인 주제에 말도 안 되는 꿈을 꾼다며 아이들은 오바마를 따돌리고 비웃었다. 오바마는 외로울 때마다 어머니께서 하신 말씀을 떠올렸다.

"피부색 때문에 불가능한 것은 없어. 때로 역경이 따르겠지만 할 수 있다고 믿으며 최선을 다하면 반드시 이루어지게 마련이야."

그리고 마침내 오바마는 미국의 첫 흑인 대통령에 당선됨으로써 자신의 꿈을 이루었다. 피겨 스타 김연아는 초등학교 1학년 때 가족들과 올림픽 공원에서 '알라딘'이라는 아이스 쇼를 보게 되었다. 그때 본 아이스 쇼가 계기가 되어 피겨 선수라는 꿈을 꾸게 되었다. 김연아는 쇼를 본 그날 밤 일기장에다 자신도 열심히 해서 꼭 피겨 선수가 되겠다고 적었다. 그리고 담임선생님에게도 꿈을 적은 편지를 보냈다. 편지에는 다음과 같은 내용이 있었다.

"아이스 쇼를 보고 나서 저도 스케이트를 열심히 타서 국가대표 선수가 되겠습니다. 꼭 세계 최고가 되고 싶어요."

그리고 마침내 그녀의 꿈은 현실이 되었다.

이처럼 각 꼭지에 맞는 콘텐츠나 사례를 실어야 한다. 그래야 읽는 독자들로 하여금 지루하지 않으면서 재미있게 저자가 주장하고자 하는 바를 생각하게 된다. 콘텐츠나 사례가 없이 저자 자신만의 주관적인 생각만 늘어놓게 되면 일방적으로 자신의 생각과 철학이 옳다고 주장하는 것과 다름없다. 이런 저자의 책은 그 어떤 독자들도 받아들지 못한다.

독자들에게 감흥을 줄 수 있는 책을 쓰기 위해선 다른 저자의 책 혹은 신문이나 잡지 등 다양한 매체를 통해 콘텐츠와 사례를 확보해야 한다. 그 다음은 그것을 베끼고 훔쳐서 나만의 것으로 재가공하는 작업이 필요하다.

물론 다른 저자의 글을 그대로 인용하고자 한다면 해당 출판사에 문의를 해서 인용을 해도 되는지, 물어보거나 반드시 출처 (저자명, 책 제목)를 밝혀야 한다(출판사에 인용 허락 메일을 받는 것이 좋다). 그리고 누구나 봐서 그 행위가 상식적으로 용납이 되는 수준이어야 한다.

책쓰기는 너무나 쉽다. 다만 책쓰기 원리와 기술이 없어서 막막하게, 힘들게 생각될 뿐이다. 나는 여러분이 단숨에 작가가 될 수 있도록 도울 수 있다. 010 7286 7232는 나와 바로 연결되는 휴대전화 번호이다. 문자 메시지로 도움을 요청한다면 내가 조언을 줄 수 있다.

QR 코드를 스캔하시면 유튜브 〈김도사TV〉
'지금 직장인들이 책을 쓰는 진짜 이유'
동영상을 보실 수 있습니다

선택과 집중하라

책 한 권을 완성하는 일은 많은 시간과 노력을 요구한다. 그래서 철저한 자기관리가 안 되면 작가의 꿈은 멀어질 수밖에 없다. 그래서 나는 사람들에게 철저하게 자기관리를 하고 있는지 꼼꼼하게 묻는다.

"평소 저녁에 몇 시에 취침해서 몇 시에 기상합니까?"

"책을 쓰는 동안 동료나 친구들과의 술자리를 포기할 수 있습니까?"

"책을 쓰는 동안 책 쓰기를 가장 중요한 일로 여겨서 시간 안배를 할 수 있습니까?"

"매일 같이 새벽 4시~5시에 일어나 출근하기 전까지 책 쓰기에 집중할 수 있습니까?"

이렇게 묻는 것은 철저한 자기관리가 안 되면 책 집필보다 덜 중요한 일들에 시간과 에너지를 빼앗기기 때문이다. 나는 책을 쓰려는 모든 사람들이 작가의 꿈을 실현할 수 있도록 돕고 있다. 하지만 내가 아무리 최선을 다해 코칭을 하더라도 당사자가 열심히 하지 않는다면 도로아미타불이 되고 만다.

책 쓰기에 있어 콘셉트나 주제만큼이나 중요한 것이 일소처럼 끝까지 밀고나가는 뒷심이다. 이 뒷심은 선택과 집중에 달렸다. 대한민국 문학사에 큰 획을 그은 대하소설을 3편이나 써냈고 2개의 문학관까지 갖게 된 소설가 조정래 씨가 있다.

그는 문학계에 괄목할 만한 큰 획을 그었지만 지금 그는 노년의 여유를 즐기는 게 아니라 다시 문학청년으로 치열하게 글쓰기에 매달리고 있다.

2009년 3월, 한 신문에서 조정래 씨에 관한 기사를 접한 기억이 난다. 그가 얼마나 치열하게 글에 매달렸는지 출간된 그의 저서를 보면 알 수 있다.

고생 끝에 낙이 온다는 말이 있듯이 조정래 씨는 그해 자신의 대하소설 《태백산맥》이 200쇄를 돌파하는 기쁨을 맛보았다. 이는 한국 문단에서 의미 있는 기록이 아닐 수 없다. 한국문학 작품 가운데 200쇄를 넘긴 작품은 조세희 씨의 《난장이가 쏘아올린 작은

공》정도이며, 다권본 가운데 200쇄 돌파는《태백산맥》이 처음이다.

그는 1989년 완간한《태백산맥》이외에도 1996년 완간한《아리랑》(전12권), 2001년 완간한《한강》(전10권) 등까지 세 편의 대하소설을 출간한 바 있다. 한 작가가 10권 이상 방대한 분량의 대하소설을 세 편이나 쓴 것은 다른 나라에서도 유례를 찾기 힘든 일이다.

이 가운데《아리랑》은 이미 2007년 100쇄를 돌파했고《한강》도 70쇄 가까이 판매되어 세 작품의 합계는 375쇄가량에 달했다. 이는 모두 시리즈 첫 권을 기준으로 한 수치로, 전체 32권의 쇄를 모두 각각 집계해 합칠 경우 통쇄는 2,800쇄 이상인 것으로 출판업계는 추정하고 있다.

판매부수로 계산하면《태백산맥》700만 부,《아리랑》이 340만 부,《한강》이 230만 부가량이며, 여기에 집계되지 않은 양장본, 세트본 판매 부수까지 더할 경우 총 1,300만 부를 넘어선다. 이 작품들을 통해 조정래 씨가 벌어들인 인세 수익도 엄청나다.

《태백산맥》의 경우 1994년까지 한길사에서 권당 5,000~5,500원으로 총 350만 부 가량이 팔리고, 이후 해냄출판사에서 권당 9,500원에 350만 부 가량이 팔려 이를 토대로 계산한 인세는 50억 원을 훌쩍 넘긴다.

여기에 《아리랑》과 《한강》을 통한 인세 수익과 《태백산맥》, 《아리랑》의 해외 출간 수익까지 더할 경우 이 세 작품을 통한 작가의 인세 수익은 100억 원을 가뿐히 넘길 것으로 추정된다고 기사는 밝혔다.

그가 얼마나 치열하게 글쓰기에 매달렸는지 살펴보자. 왜냐하면 나와 당신도 조정래 씨처럼은 아니더라도 그 비슷하게 책 쓰기에 집중해야 하기 때문이다.

마흔 살에 《태백산맥》을 쓰기 시작한 그는 《아리랑》에 이어 환갑이 넘어 《한강》의 집필을 마쳤다. 그러나 이 책들은 한 권으로 끝나는 단행본이 아니었다. 대하소설이었기에 그는 장년기를 전부 글쓰기에 헌납할 수밖에 없었다. 세 편의 대하소설은 200자 원고지 5만 1,500장 분량으로 원고지를 모두 쌓아놓으면 높이가 그의 키 3배가 넘는다.

"세 작품에 등장한 인물은 1,200명입니다. 그 모두에게 다른 이름과 성격을 불어넣어 줘야 하는 것은 물론 비슷한 상황에서의 묘사와 표현 역시 달라야 해서 글을 쓰기 시작하면 언제나 암담한 터널 속에 들어간 막막함과 답답함, 그야말로 글감옥에 있는 것 같습니다."

그는 글을 쓸 때는 선택과 집중한다. 더 나은 작품을 쓰기 위해서다.

"운동선수에게만 기록갱신이 있는 게 아닙니다. 전작보다 1mm라도 더 잘 써야 한다는 작가로서의 사명감이 있어서 내가 쓴 전작이 나의 적이자 라이벌이 되는 이중고, 삼중고를 겪는 게 작가의 숙명입니다."

그는 세 작품을 쓰는 20년간 개인적 시간을 거의 가져본 적이 없다. 주색잡기를 멀리하고 정갈하게 작품에만 매달렸던 것이다. 다른 작가들 같으면 글이 잘 풀리지 않으면 흔히 술을 마시거나 다른 취미활동을 하지만 그는 오히려 더 책상 앞에 바짝 다가앉아 자신과의 싸움에 정면 도전했다. 그리하여 그는 자신과의 싸움에 한 번도 진 적이 없을 정도로 치열하게 썼다.

나는 조정래 씨의 글쓰기 모습을 닮고자 노력하고 있다. 그는 여느 작가들에 비해 상상력이나 문장력에 의존하는 작가가 아니다. 각종 자료를 찾는 것은 물론 직접 현장을 찾아 국내는 물론 세계 곳곳으로 취재를 다니는 것으로 알려져 있다.

취재를 마치면 집으로 돌아와 엉덩이에 종기가 생길 때까지 지독하게 글쓰기에 매달린다. 그는 자신이 치열하게 쓰는 이유에 대해 이렇게 말했다.

"고등학교 1학년 때 상경해서 대학 4학년까지 성북동 산동네에 살면서 7년이나 물지게를 졌어요. 추운 날 산동네 비탈길을 물지게를 짊어지고 올라오는 건 정말 지겹고 힘든 일이죠. 그런데 이불 속에서 꾸물거리다 10분 늦게 가면 30~40명이 줄을 서서 추운데 벌벌 떨며 더 기다려야 해요. 인생이 별것 아닙니다. 남들보다 5분 빨리 움직여 부지런 떨면 항상 내가 앞에 갈 수 있다는 것을 물지게질을 통해 깨달았지요."

그는 신문연재를 하면서 단 한 번도 마감 시간을 어긴 적이 없고 태백산맥의 경우엔 11개월 치를 미리 써두기도 했다고 한다. 그는 작품을 쓰면서 오른쪽 어깨가 통째 마비되고 하도 오래 앉아 있어 엉덩이에 종기가 생기고 탈장수술까지 받으면서도 그는 손에서 글쓰기를 놓지 않았다. 그런 선택과 집중을 통한 치열함이 있었기에 지금의 한국 문단의 역사를 다시 쓴 조정래 소설가가 있을 수 있다.

'21세기 한국문학의 블루칩' 소설가로 떠오른 김연수 씨. 그는 매일 글을 쓰는 것을 원칙으로 하고 있다. 그는 스스로를 하루 원고지 5매를 쓸 수 있는 사람이라고 정의한다. 그의 말에 의하면 정말 천재적인 작가는 하루 5매를 매일 쓸 수 있는 사람이라는 것이다.

그는 등단 이래 10년 동안 장편 4권, 단편 4권, 에세이 2권 반 등 책 10권을 집필했는데 하루 평균 3매를 쓴 셈이다. 하루 3매씩 일주일에 4일을 쓰면 1년에 1,040매로 책 한 권 분량이 된다. 그래서 그는 책을 쓰고자 하는 사람들에게 "어떻게 매일 쓰느냐가 가장 중요한 문제라고 강조했다. 물론 그 역시 처음 책을 쓸 때는 그렇지 않았다. 처음에는 글이 잘 되는 날에는 많이 쓰고 그렇지 않은 날은 온갖 핑계를 대며 글을 쓰지 않았다. 하지만 매일 쓰는 것을 원칙으로 글을 썼고 지금과 같은 글쓰기 습관을 들이기까지 2년이 걸렸다고 한다.

김연수 씨는 이렇게 말했다.

"매일 꾸준히 달리다 보면 마라톤 풀코스를 뛸 수 있는 것처럼 글쓰기도 매일 얼마나 시간을 투여하느냐 하는 것이 관건입니다. 예능이나 체육 모든 분야기 연습을 강조하는데 유독 문예창작에 있어서는 연습은 안 하고 재능이나 감수성을 강조하는데 글쓰기에서도 자기가 못한 부분을 매일 반복적으로 연습해야 합니다. 연습에서 재능을 발휘하는 것이 아니라 실전에서 재능을 발휘하듯 불완전함을 안고 계속 쓰다가 출판할 때 완벽한 작품을 보여주면 됩니다."

지인들 가운데 스스로 기획하고 홍보하고 전략을 짜고 실무를 맡는 1인 기업으로 바쁘게 살아가는 이들이 많다. 이들의 공통점은 수면 시간은 5~6시간 안팎으로 하되 글 쓰는 시간 만큼은 일정 시간 이상 확보해두는 것을 원칙으로 한다는 것이다.

특히 내가 존경하는 이영권 박사가 있다. 이영권 박사와 공저서 《10대의 꿈이 평생을 결정한다》, 《남자 스피치》를 펴낸 바 있다. 이 박사는 각종 방송 일에다 전국 각지로 보통 하루 두 차례 이상 강연을 다니는 가운데 어떻게 그 많은 책을 쓸 수 있을까? 답은 간단하다. 글쓰는 시간을 따로 확보해두기 때문이다. 방송 일을 할 당시 전국에서 온 이메일에 답장하고 A4 용지 1~2장에 그날의 이슈를 정해 글을 한 편씩 쓴 덕분에 연간 2~3권의 책을 꾸준히 낼 수 있었다.

제이슨 프르이드, 데이비드 하이네마이어 핸슨 《똑바로 일하라》에 다음과 같은 구절이 있다.

"어떤 일을 진심으로 하고 싶다면 아무리 바빠도 시간을 쪼갤 것이다. 사람들이 일을 벌이지 않는 것은 그만큼 간절히 원하지 않기 때문이다. 그러면서 애꿎은 시간 탓만 한다. 게다가 '완벽한' 때는 절대 오지 않는다. 나이가 적으면 너무 어려서 못하고, 나이가 많으면 너무 늙어서 못한다."

책 쓰기의 비결은 딱 하나. 선택과 집중밖에 없다.

05

영감을 믿지 말고
콘텐츠 사냥꾼 되기

　　초보 저자와 기성 저자의 차이점은 무엇일까? 초보 저자는 영감에 따라 원고를 쓰지만 기성 저자는 영감을 따르기보다 자신이 갖고 있는 콘텐츠를 활용해 그날 써야 할 분량의 원고를 마친다는 것이다. 종종 초보 저자들로부터 종종 이런 푸념을 많이 듣는다.

　　"쓸거리가 별로 없어 고민이에요. 그렇다고 내 생각만 쓰기도 그렇고."

　　"다른 작가들의 책을 읽어보면 다양한 콘텐츠들이 담겨 있어서 재미도 있는데, 막상 쓰려니 생각처럼 쉽지 않네요. 어떻게 하면 다양한 콘텐츠를 얻을 수 있을까요?"

　　초보 저자들의 가장 큰 고민이 쓸거리, 즉 콘텐츠가 없다는 것이다. 그래서 대부분 자신의 생각 위주의 글을 쓰는 자비출판용 원고를 쓰게 된다. 이런 원고의 특징은 유익성을 떠나 너무나 진부하고 재미가 없다는 것이다. 진부하고 재미없는 원고를 관심 있게 쳐다볼 편집자는 없다. 출판사에 보내는 즉시 휴지통에 직행하게 된다.

내가 사람들에게 자주 하는 말이 있다. "영감을 믿지 말고 콘텐츠 사냥꾼이 되어야 한다."는 것이다. 사실 소설을 쓰지 않는 이상 우리에게 영감은 그다지 중요치 않다. 실용서를 쓰는 저자들에게 있어 있으면 좋고 없어도 그만인 것이 영감이다. 영감보다 더 중요한 것이 콘텐츠이다. 알찬 콘텐츠, 사례만 있다면 큰 힘 들이지 않고 한 꼭지를 완성할 수 있다. 한 꼭지 한 꼭지가 모여 책 한 권이 된다는 것을 감안하면 콘텐츠는 매우 중요하다.

세계화전략연구소 이영권 박사와의 공저서 《남자 스피치》가 있다. 이 책을 예로 들어 적절한 콘텐츠에 대해 설명할까 한다. 〈Part 2 청중을 사로잡는 남자의 스피치〉의 '청중과 교감하라, 자신감이 생긴다' 꼭지에는 한 남성이 나에게 보낸 메일을 소개하면서 이야기를 풀어나갔다. 나는 자주 초등학생부터 직장인, 주부들까지 다양한 층의 사람들로부터 메일을 받는다. 그들의 메일 내용은 독자들의 피부와 와 닿는 책을 쓰는데 좋은 콘텐츠가 된다. 책 속에 담겨 있는 콘텐츠를 살펴보자.

어제 한 남성 직장인으로부터 한 통의 메일을 받았다. 그는 회사에서 CS교육을 담당하고 있던 선배가 이직을 하게 되어 자신이 맡게 되었다. 그런데 어려서부터 반장 한 번 해본 적이 없기에 고민이라는 것이었다. 그리고 지난주에 처음으로 직원들을 대상으로 CS교육을 진행했는데, 몇 번이나 연습했는데도 불구하고 실패하고 말았다는 것이다. 두 번째 줄에 유독 자신을 뚫어지게 쳐다보는 여자분이 있었는데, 애써 그녀의 시선을 외면하다 자신도 모르게 눈길이 마주치고 말았다. 그는 그때부터 바짝 긴장되어 혀가 꼬여 말을 더듬게 되더니, 머릿속이 온통 안개로 자욱한 것처럼 하얗더란다. 할 수만 있다면 어디론가 숨고 싶었지만 그럴 수도 없어 교육 시간 내내 가시방석에 앉아 있는 것 같았다고 토로했다.

나는 그에게 청중의 시선을 두려워해선 안 된다고 조언했다. 오히려 자신에게 시선을 보내며 반응하는 사람들 위주로 시선을 움직이면 자신감이 생겨나기 시작한다. 나는 역시도 초창기 강연을 할 때 연단에만 서면 다리가 후들거리고 호흡이 가빠오곤 했다. 그러다 한 청중과 눈길이 맞으면 발음이 꼬여 힘들었던 기억이 있다. 그 당시 나에게 아나운서로 있는 한 선배로부터 청중의 눈길을 피하지 말고 교감하라는 조언을 듣게 되었다. 그때부터 나는 애써 청중의 눈길을 외면하기보다 오히려 나도 그 청중을 바라보며 대화하듯이 하게 되었다.

'Part 4 확신과 자신감으로 말하라' 꼭지에는 스피치에 대한 조언을 구하고자 찾아온 40대의 이야기를 실었다.

얼마 전 40대 중반의 한 남성이 나를 찾아왔다. 그 남성은 키도 훤칠하고 얼굴도 미남형이었다. 수줍은 표정을 한 그는 한참 머뭇거리며 서 있었다. 이제 나는 사람들의 얼굴 표정만 봐도 무슨 일로 찾아왔는지 알 수 있다. 짐작에 그 남성은 내성적인 성격 탓에 스피치에 대한 고민으로 나를 찾아오지 않았을까? 하는 생각이 들었다. 잠시 후 그와 대화를 하면서 내 예감이 적중했다는 것을 알았다.

"선생님, 무슨 일로 오셨습니까?"

나의 말에 남성은 상기된 얼굴로 조심스레 입을 열었다.

"실은 제가 공직에 있는데 사람들 앞에서 말하는 것이 많이 부족해서 조언을 얻을까 해서 이렇게 불쑥 찾아왔습니다. 사서 말단 직원이었을 때는 말할 기회가 별로 없었는데 직급이 높아지다 보니 직원들 앞에서 프레젠테이션 할 기회도 많아지고 게다가 여기저기 강의 요청도 많아서요. 그런데 문제는 남들 앞에서 말을 하려고 하면 가슴이 심하게 두근거리고 떨려서 발음이 꼬이고 말까지 더듬는다는 겁니다. 부정확한 발음과 말까지 더듬게 되니 온 신경이 그쪽으로 쏠려 무슨 말을 해야 할지 아무 생각도 나질 않습니다. 어떻게 하면 자신감 있게 말을 잘할 수 있을까요?"

그날 한 시간가량 그 남성과 대화를 나누었다. 그는 나에게 자신의 마음속에 쌓아두었던 고민을 털어 놓았다. 사실 그는 겉보기에는 인상이 좋아 외향적으로 보이지만 내성적인 성격이었다. 그래서 사람들 앞에서 발표나 말을 할 때 가장 고통스럽다는 것이다.

그는 직원들과 회의를 하거나 상사한테 업무보고를 할 때면 미리 떨지 않기 위해 청심환을 먹는다고 말했다. 그 약을 먹고 나면 희한하게도 가슴이 두근거리거나 떨리지도 않아 조리 있게 말을 잘한다는 것이다. 나는 그에게 약에 자꾸 의존하기보다 힘들더라도 꾸준한 훈련으로 극복해보라고 조언했다.

"사람들 앞에 섰을 때 가슴이 뛰고 떨리는 것은 자기 확신과 자신감이 부족해서입니다. 자기 확신과 자신감을 높이기 위해선 지금부터라도 약에 의존하지 말고 미리 말할 원고를 작성해서 그것을 토대로 꾸준히 반복적으로 훈련해보세요. 처음에는 혼자서 연습하다가 차츰 익숙해지면 가족들 앞에서, 그다음 소규모 회의에서 좀 더 큰 규모의 회의에서 스피치를 해보세요. 물론 처음에는 힘들겠지요. 하지만 달변가들도 이런 치열한 노력 끝에 탁월한 스피커가 되었다는 것을 기억해야 합니다."

글을 쓰는 사람은 항상 주변의 모든 이야깃거리들을 콘텐츠로 활용해야 한다. 그러기 위해선 콘텐츠를 찾는 안테나를 활짝 열어 놓아야 한다. 내 경험상 가장 가슴에 꽂히는 콘텐츠는 일상에 있다. 그래서 베스트셀러들을 보면 하나같이 어렵지 않은 일상적인 이야기 거리들이 담겨 있다는 것을 알 수 있다.

내가 쓴 책들 가운데 청소년을 위한 자기계발서《10대엔 미처 몰랐던 것들》이 있다.

〈제1부 창창소년(蒼蒼少年) : 꿈과 미래에 대한 밑그림을 그려라〉에 보면 '창창소년(蒼蒼少年) : 앞길이 창창하여 희망에 차 있는 젊은이'라는 꼭지가 있다.

성공한 사람들은 일찍부터 분명한 꿈과 목표를 가지고 있었다. 애플의 CEO 스티브 잡스, 구글의 창업자 래리페이지와 세르게이 브린, 소프라노 조수미와 가수 강원래, 축구선수 박지성, 야구선수 박찬호, 피겨여왕 김연아 …. 그들에게 있어 가장 큰 위로와 힘이 되었던 것은 다름 아닌 꿈과 희망이었다. 그리고 그들이 자신의 분야에서 정상에 설 수 있었던 것 역시 그 두 가지 덕분이었다.

스티브 잡스는 "직관을 따르는 일이야말로 가장 중요하다. 당신의 가슴, 그리고 직관이야말로 당신이 진정으로 원하는 것을 잘 알고 있다. 다른 것은 부차적이다."라고 말했다. 그렇다. 진정 자신이 원하는 것을 해야 가장 잘할 수 있다. 세계적인 성악가 조수미는 청소년들에게 종종 "인생에서 가장 소중한 시간, 꿈을 향해 도전하세요!"라고 말한다. 그 자신이 꿈을 향한 도전으로 가슴 뛰는 인생을 살 수 있었기 때문이다. 만일 그녀가 '내 꿈은 불가능해!'라며 꿈을 포기했더라면 지금쯤 어떤 인생을 살고 있을까? 생각만 해도 아찔하다.

2009년 12월 9일, 클론 멤버로 활약했던 강원래는 고등학교 3학년 수능 이후 행사 일환으로 '청소년이여! 꿈을 가져라'라는 주제로 강연을 진행한 바 있다. 그는 교통사고 이후, 자신이 겪고 극복했던 경험을 바탕으로 아이들에게 도움이 될 만한 유익한 내용을 들려주었다. 그는 청소년들에게 그 어떤 시련에서도 꿈을 포기하지 않는 것이 중요하다, 아무리 힘들어도 좌절하지 않는다면 꿈은 반드시 이루어진다고 강조했다. 그 역시 자신의 꿈을 포기하지 않았기 때문에 세상에 당당할 수 있었고 대한민국 최고의 춤꾼이 될 수 있었다.

애플의 CEO 스티브 잡스, 구글의 창업자 래리페이지와 세르게이 브린, 소프라노 조수미와 가수 강원래, 축구선수 박지성, 야구선수 박찬호, 피겨여왕 김연아를 거론하면서 꿈과 희망에 대해 언급했다. 그리고 스티브 잡스와 조수미의 명언도 함께 싣고 있다. 여기에다 클론 멤버였던 강원래에 대한 이야기를 소개했다.

실용서 특히 자기계발서를 쓸 때 콘텐츠는 정말 중요하다. 어떤 콘텐츠를 담느냐에 따라 독자들로부터 사랑을 받느냐, 철저하게 외면당하느냐 결정되기 때문이다. 나는 고 김영삼 전 대통령의

학창시절의 이야기를 소개했다.

그동안 나는 여러 분야에서 성공한 사람들을 만나고 인터뷰해오면서 한 가지 공통점을 찾을 수 있었다. 어려서부터 창창소년의 모습 즉 '앞길이 창창하여 희망에 차 있는 젊은이'의 태도를 지녔다는 것이다. 그들은 지금처럼 성공하기 전에도 마치 성공한 인물처럼 말하고 행동했다는 것이다.

김영삼 전 대통령 역시 그들 가운데 한 사람이다. 그는 고등학생 시절, 자신의 꿈을 적은 종이를 책상 앞에 붙여두었다. 종이에는 다음과 같이 적혀 있었다.

'대한민국 대통령 김영삼.'

하루는 그의 집에 놀러온 친구들이 이를 보게 되었다. 그 후로 친구들은 그를 놀리며 비웃었다. 어떤 친구는 그를 정신병자라고 비아냥거리기까지 했다.

훗날 대통령에 당선된 그는 이렇게 말했다.

"당시 내 꿈은 대통령이었습니다. 나는 대통령이라는 직책이 나와 가장 잘 맞는 직업이라고 생각했습니다. 사람이 분명한 목표가 없으면 삶이 무료하고 평범해지게 마련이죠. 특히 정치계에 몸담고 있는 사람이 대통령에 대한 희망이 없다면 무능하다고 말할 수밖에 없습니다."

김영삼은 나무에 조각칼로 글자를 새기듯이 가슴에 대통령이라는 꿈을 새겼다. 그리고 그는 자신이 마치 대통령이 된 것 마냥 말하고 행동했다. 그 결과 그는 대한민국 대통령에 당선되었다.

독일의 대통령 호르스트 쾰러도 김영삼 못지않게 확고한 꿈을 가지고 있었다. 그러나 그는 왜소한 체격에 뒷받침해줄 집안 배경이 없었다. 그런 그가 대통령이 되겠다는 일념 하나로 대통령 선거에 뛰어들자 많은 사람들이 그를 비웃었다. 한 잡지의 편집자는 자신의 부하직원들에게 호르스트 쾰러를 취재하는 것은 단순히 시간 낭비일 뿐이라고까지 했다. 하지만 그는 많은 사람들의 냉대와 부정적인 시선에도 흔들리지 않고 대통령이 되겠다는 자신감으로 가득했다.

그는 대통령이 되고자 하는 자신의 의지를 이렇게 피력했다.

"나는 반드시 대통령이 될 것이다. 여러분은 나를 잘 지켜보아야 할 것이다! 만약 평생 단 한 가지만 이루려고 노력하는 사람이 있다면 그는 분명 성공할 것이다. 나 역시 단 한 가지만을 바라고 있다. 그것이 바로 독일의 대통령이 되어 국민들의 생활에 도움을 주고자 하는 것이다."

마침내 그는 '대통령'이라는 자신의 꿈을 이루었다. 그런데 아이러니 한 것은 그를 무시했던 그 편집자가 이런 기사를 썼다는 것이다.

"나는 일찍부터 호르스트 퀼러가 보통 인물이 아니라는 것을 알고 있었다."

내가 김영삼 전 대통령의 사례를 소개한 것은 그동안 인생을 살아오면서 실현한 꿈들을 모두 종이에 적은 것들이기 때문이다. 그래서 나는 누구보다 종이에 적는 효과를 잘 알고 있다. 그래서 좀 더 청소년들의 가슴에 와 닿게 하기 위해 김영삼 전 대통령의 사례를 든 것이다. 이 사례를 접한 많은 학생들로부터 꿈을 종이에 적어서 실현하고 싶다는 메일을 받았다.

이 꼭지의 마지막에는 영화배우 조재현의 명언을 들며 마무리했다.

무명생활 14년 만에 최고의 자리에 오른 영화배우 조재현. 그는 연극에 미쳐 지냈던 스무 살 무렵을 회상하면서 십대들에게 "자신의 목표를 정하고 그 안에 몸을 천천히 담아 보는 시간을 가져라"고 당부했다.

책 쓰기에 도전하는 사람들에게 영감을 믿기보다 콘텐츠 사냥꾼이 되어야 한다고 조언하고 싶다. 다양한 콘텐츠, 사례가 있다면 책 쓰는 것은 재료를 적재적소에 배치하는 것과 같이 쉬워진다. 저자의 경험이나 생각과 함께 끼워 넣으면 되기 때문이다.

초보 저자들이 쓸거리가 없다고 토로하는 데는 이유가 있다. 각 꼭지에 맞는 콘텐츠가 없기 때문이다. 그렇다면 어떻게 하면 다양한 콘텐츠를 내 것으로 만들 수 있을까? 소설가 조경란 씨는 이렇게 말한다.

"요즘 신문을 '종이신문'이라고, 책을 '종이책'이라고 말한다. 나는 이 사실이 안타깝다. 올해 작가가 된 지 17년, 태어난 지 44년이 되었다. 40여 년의 시간 동안 단 한 번도 신문을 옆에 두지 않은 적이 없었다. 그것도 정기구독으로. 지금은 일간지 3개와 주간지 하나, 교육 신문과 독서 신문까지 1주일에 한 번씩 보고 있다."

베스트셀러,
형편없는 초고에서 시작된다

책 쓰기에 있어 한 가지 변함없는 진리가 있다. 적게는 수십만 부에서 수백만 부가 팔리는 베스트셀러도 처음에는 형편없는 초고에서 시작된다는 것이다. 남들에게 보여주기 부끄러운 초고가 없었다면 지금의 베스트셀러 역시 있을 수 없다.

나는 사람들에게 "힘들어도 초고 완성에 집중해야 한다."라고 말한다. 자신의 초고가 어디 내놓기 부끄러울 징도로 형편없어도 괜찮다. 무조건 초고 완성에 매달려야 한다. 초고를 완성한 후 시간을 두고 차차 수정을 거듭하면 퀄리티 높은 원고로 바뀌기 때문이다.

2010년 판타지 소설 《타라 덩컨》의 작가 소피 오두인 마미코니안이 서울국제도서전 주빈국인 프랑스 초청작가 자격으로 한국을 방문한 적이 있다. 그가 2003년 프랑스에서 첫 출간한 《타라 덩컨》 시리즈는 현재 전 세계 14개국에서 700만 부나 팔린 베스트셀러이다. 우리나라에서도 33만 부 넘게 판매되었을 정도이다.

《타라 덩컨》은 그가 1987년부터 집필한 책이다. 첫 출간까지 걸린 시간이 무려 17년이 걸렸다. 그것도 《해리포터》 덕에 세상에 나올 수 있었다. 그는 이렇게 말했다.

"1권을 4년 만에 완성해 출판사 여러 곳에 보내봤어요. 프랑스에서는 판타지가 인기가 없다, 마법책은 팔리지 않는다 등의 이유로 거절당했죠. 그래도 계속 썼지요. 그러다 1997년 나온 《해리포터》가 세계적인 성공을 거두자, 전에 원고를 보여줬던 출판사 중 세 곳에서 책을 내자며 연락을 해왔어요."

《타라 덩컨》에는 주인공 덩컨이 어느 날 자신에게 신비한 능력이 있다는 것을 깨달은 뒤 태양계 마법 행성 아더월드와 지구를 오가며 기상천외한 모험을 하는 과정이 담겨 있다. 《타라 덩컨》은 총 12권의 시리즈물로, 프랑스에서 10주간 베스트셀러 1위를 기록하며 유럽 대륙에 마법 열풍을 일으켰다.

마미코니안의 글쓰기 비결은 20년 넘게 매일 하루 15시간씩 글을 쓰는 데 있다. 이런 부지런함 덕분에 《타라 덩컨》 마지막 권까지 초고를 다 써놓았을 정도이다. 그래서 사람들에게 농담조로 "혹시 내가 비행기 사고라도 나서 중간에 죽어버리면 어쩌나 하는 걱정은 안 해도 된다."고 말하기도 한다.

그는 누구보다 초고를 수정하는 데 많은 공을 들인다. 그렇다 보니 초고를 다듬고 보충하는 작업은 여느 작가들보다 더 치열하게 거친다. 한 페이지를 40번 넘게 수정한 적도 있다. 그는 작가에게 가장 중요한 덕목으로 '열심'을 꼽는다.

"자신이 쓴 글을 안 돌아보는 작가도 있는데 이는 작가로서 자살행위이다. 밤마다 파티 가서 놀고 낮 12시쯤 일어나 일하고 하는 작가들을 이해할 수 없다."

2012년 3월 22일. 서울 금천구 가산동 세계일보 회의실에서 은행나무출판사가 주관한 '제8회 세계문학상'의 시상식이 있었다. 장편소설 《개를 산책시키는 남자》로 1위를 차지해 상금 1억 원을 수상한 사람은 무명작가 전민식 씨였다.

그는 마일, 식당 발판 닦기, 미군 하우스보이, 여행 대행 알베, 웨이터, 다방 DJ, 대필 작가 등 숱한 직업을 전전하면서 '순수문학' 외길을 고집해온 만 47세의 늦깎이 작가이다. 그는 당선 소감을 이렇게 말했다.

"지난 20년간 거의 빠짐없이 최종심에 올랐지만 번번이 미끄러졌다. 수상 소식을 들은 날 아내를 붙잡고 펑펑 울었다. 인생이

란 원래 슬프고, 힘들고, 고통스럽지만 그래서 아름다운 것이다. 다시 태어나도 지금처럼 인간적인 삶을 살고 싶다."

그에게 '제8회 세계문학상' 수상 작가라는 타이틀을 가져다준 《개를 산책시키는 남자》는 1년간의 초고 수정에서 비롯되었다고 해도 과언이 아니다. 그만큼 초고를 수정하는 데 많은 시간과 노력을 기울였다.

"초고를 쓰는 데 1년이 걸렸고, 그걸 수정하고 손보는 데 다시 1년이 걸렸습니다."

앞서 살펴본 두 명의 베스트셀러 작가들의 공통점은 형편없는 초고를 끊임없이 다듬어서 한 번 읽으면 손에서 놓기 힘든 소설로 거듭나게 했다는 것이다. 만일 그들이 "내가 쓴 글이지만 정말 형편없어, 내겐 소설을 쓰는 능력이 부족한가봐.", "완벽하게 쓰고 싶은데 생각처럼 안 되네. 걸레처럼 형편없는 내 원고를 출판사에서 책으로 내주긴 할까?" 이처럼 초고에서부터 부정적인 생각을 가졌다면 지금의 그들은 없을 것이다. 지금의 그들이 있을 수 있는 것은 형편없더라도 초고가 있었기에 가능했다. 초고가 있다는 것은 더 나아질 수 있는 원고를 가지고 있다는 말과 같기 때문이다.

예병일 연세대 원주의대 생화학교실 교수가 있다. 그는 《의사를 꿈꾸는 어린이를 위한 놀라운 의학사》를 펴냈다. 이 책은 그의 두 번째 어린이 책이다. 2006년 첫 어린이 책《앗! 우리 몸이 보여요》가 초등학교 저학년을 대상으로 한 것이었다면 두 번째 책은 초등학교 고학년을 대상으로 한 의학책이다.

예병일 교수 역시 초고를 수정하는 일은 매우 고통스럽다고 토로한다. 처음에 그가 어린이 책을 집필하게 된 것은 출판사에서 집필 의뢰를 받은 것도 있지만 무엇보다 어린이 책은 어른 책보다 분량이 적다는 생각에서였다. 그러나 초고를 넘긴 후 몇 번이나 출판사 편집자로부터 "원고 내용이 너무 어렵습니다."라는 메모가 담긴 원고를 돌려받았다. 그만큼 아이들의 눈높이에 맞추기가 쉽지 않았던 것이다.

초고 수정이 얼마나 힘든 고통인지 그의 말을 들어보자.

"요즘은 책 내자는 연락이 오면 제가 가편집까지 해놓은 책 서너 권 분량이 원고를 보내고 이대로 내려면 내서, 하고 내응하는데 편집자들은 대부분 '원고 저 부분을 잘라내고 이 부분을 중심으로 이런 내용으로 다시 써주세요' 하고 반응하거든요. 이번 편집자도 그러더군요. 요구하는 걸 보니 일이 많을 것 같아서 면피하려고 '어린이 책이면 하겠지만'이라고 했더니 편집자 눈빛이 달라지더라고요."

힘들게 써놓은 초고를 수정하는 일은 생각처럼 만만치 않다.

사람들 가운데 초고를 두 번 다시 쳐다보기 싫다는 사람들도 많다. 그만큼 초고를 쓰는 데 있어 진을 다 뺐기 때문이다. 그렇더라도 초고 수정 과정은 반드시 거쳐야 한다.

초고를 다듬는 일은 고통스럽다. 그래서 초보 저자들은 할 수만 있다면 이 과정을 생략하고자 한다.

"그냥 이대로 원고를 출판사에 보내면 안 될까요?"

"이거 쓰느라 몸과 마음이 녹초가 되었는데, 또다시 수정하라고요?"

"책을 출간 안 했으면 안 했지, 원고를 고치는 일은 도저히 못하겠어요."

사실 나도 같은 생각이다. 가능하다면 수정 없이 편하게 원고를 출판사에 보내고 싶다. 그럼에도 내가 초고를 거듭 수정하는 이유는 수정을 거치면 충분히 더 나은 원고로 재탄생한다는 것을 잘 알고 있기 때문이다.

베스트셀러일수록 뼈를 깎는 초고 수정의 과정을 거쳤다. 그래서 베스트셀러 작가들은 초고 수정을 당연하게 받아들인다. 수정할수록 원고의 질이 높아지기 때문이다. 귀찮고 힘들더라도 초고를 수정하는 데 있어 공을 들여야 한다.

공을 들이는 만큼 원고가 책으로 출간되었을 때 기쁨과 보람은 물론 판매 부수까지 달라진다는 것을 기억하자.

QR 코드를 스캔하시면 유튜브 〈김도사TV〉
'한 달 안에 초고를 완성해야 하는 이유'
동영상을 보실 수 있습니다

07

초고
맛깔스럽게 수정하기

《노인과 바다》로 퓰리처상, 노벨문학상을 수상한 미국의 소설가 헤밍웨이. 그는 "모든 초고는 걸레다!"라는 다소 과격한 말로 고쳐쓰기를 강조했다. 원고의 퀄리티가 높을수록 저자의 치열한 고쳐 쓴 노력이 배어 있다.

〈책 쓰기 과정〉 수업을 듣는 한 회원이 이런 질문을 던졌다.

"책 쓰기를 끝까지 포기하지 않고 쓸 수 있는 비결은 무엇인가요?"

나는 이렇게 답했다.

"책을 쓸 때 가장 큰 어려움 중 하나는 바로 초고를 완성하는 일입니다. 초고를 마치는 일은 힘들지만 초고를 완성하는 순간 책의 80%는 완성되었다고 생각합니다. 나머지 20%는 초고를 수정하면서 채워지기 때문입니다. 따라서 초고가 미흡하더라도 우선 끝까지 초고 집필을 마치는 것이 중요합니다. 그래야 다음 수순인 고쳐쓰기로 넘어갈 수 있거든요."

나는 그동안 200여 권 가까이 저서를 펴냈다. 이 가운데 베스트셀러와 스테디셀러들도 있고 해외 중국, 대만, 태국 등에 판권이 수출된 저서들도 있다. 그리고 교육청과 여러 기관과 단체에 추천되었고 초·중·고등학교 교과서에 글이 게재되기도 했다. 《마흔, 당신의 책을 써라》를 펴낸 후 '책쓰기 프로젝트'를 벌이고 있는 대구시교육청 우동기 교육감으로부터 감사 편지를 받기도 했다. 이처럼 내가 세상에 인정을 받는 책을 쓸 수 있었던 것은 초고를 마친 후 수십 번씩 초고를 고쳐 쓰는 과정을 거쳤기 때문이다. 그래서 나는 책 한 권을 완성하기까지 지치지도 않고 몇 번이고 고쳐 써야 한다고 조언한다.

소설가 고광률 씨가 있다. 그의 신작이 최근 몇 년 전 네티즌들로부터 많은 사랑을 받고 있다. 그는 인터파크에 소설 《오래된 뿔》을 연재했는데 이 사이트에 올려진 90여 편의 소설, 에세이 중 가장 높은 조회수를 기록하며 상한가를 달렸다. 한 지역지 기자의 어처구니없는 죽음을 추적하는 과정을 통해, 일제 강점기부터

현대까지의 한국 근현대사를 유기적 관점으로 조망하고 반성하는 소설이다. 결코 가볍지 않은 주제임에도 네티즌들의 폭발적인 관심을 끄는 비결은 무엇일까? 그는 소설을 쓸 때 감동과 교훈보다도 '재미'를 1순위로 여겼다고 말한다.

"전체 분량이 원고지 3,000매 정도로 꽤 긴 편이고 주제가 무거워서 재미있지 않으면 독자들이 읽지 않을 것이라 생각했어요. 마치 영화를 보는 것처럼 장면 전환이 빠르고 역동적이라 지루하진 않지만 그 속에는 권력의 오랜 억압과 부조리에 대한 담론이 담겨 있습니다."

흥미로운 점은 그는 이 소설을 지난 2004년부터 5년간 집필했다는 것이다. 물론 초고는 45일 만에 완성했지만 전체적으로 수정하는 작업이 오래 걸렸던 것이다.

'화제가 되지 않았는데 화제가 된 책', '화제가 되고도 화제가 되지 못한 책'《삼성을 생각한다》. 책의 저자인 김 변호사는 인터뷰를 통해《삼성을 생각한다》출간 전후에 있어 삼성 비자금 폭로 과정의 고난을 다시 겪었다고 술회한 바 있다. 삼성 비자금 문제를 보도해줄 언론사를 찾지 못해 방황했던 것과 마찬가지로 책을 내줄 출판사를 찾는 데 애를 먹었던 것이다.

그가 처음 출간을 고려한 곳은 프레시안북스와 한겨레출판사였다. 프레시안북을 염두에 두었던 것은 프레시안 기자가 집필 과정에 도움을 주었기 때문이었고, 한겨레출판사는 대표적인 진보 언론이라고 생각했기 때문이다. 그러나 두 곳과의 교섭 모두 여의치 않아서 이곳저곳 타진하다 결국 사회평론에서 출판하게 되었다. 사회평론에서 편집을 맡은 한 편집자는 《삼성을 생각한다》의 초고에 대해 이렇게 말한 바 있다.

"초고는 다소 거칠었다. 명예훼손적인 내용에 실명이 등장하는 경우도 많았다. 출판사들이 부담을 느꼈을 것이다. 원고를 다듬고 실명을 가명으로 고치는 등 수정을 거쳐서 출판하기로 결정했다."

수십만 부가 팔린 베스트셀러 《삼성을 생각한다》의 초고 역시 퀄리티가 낮았다는 것을 알 수 있다. 하지만 거듭 초고를 손보면서 독자들의 폐부를 찌르는 글로 거듭날 수 있었던 것이다.

어떤 유명한 저자가 쓴 초고도 완벽하지 않다. 아니, 걸레에 가깝다고 말하는 것이 정확한 표현일 것이다. 그런데 안타까운 점은 초보 저자들 가운데 "글을 잘 쓰고 싶다!", "출판사에서 내 책을 내고 싶다!"라는 열망을 가지고 있으면서도 퇴고를 잘하지 않는다는 사실이다. 귀찮고 바쁘다는 핑계로 한 번 대충 읽어보고는 눈에 띄는 부분만 수정한다.

고쳐쓰기를 대충한 원고는 심혈을 기울여 거듭 수정한 원고에 비해 퀄리티가 떨어질 수밖에 없다. 심지어 어떤 초보 저자의 원고는 맞춤법이나 띄워 쓰기도 안 되어 있다. 이런 원고는 편집자의 눈길을 유혹하지 못한다. 바로 메일함의 휴지통으로 빨려 들어간다.

초고 고쳐쓰기의 힘은 강하다. '이제 초고를 완성했으니 더 나은 원고로 만들기 위해 최선을 다해서 퇴고를 하자'라는 생각으로 고쳐쓰기에 임해야 한다. 유명 저자일수록 퇴고 효과를 믿는다. 고칠수록 좋은 문장으로 거듭날 수 있다는 것을 잘 알기 때문이다.

무엇보다 고쳐쓰기의 효과에 대해 아는 사람은 첫 문장의 두려움이 그렇지 않은 사람들에 비해 훨씬 덜하다. 또한 초고 쓰는 시간 역시 줄어든다. 부족한 부분을 나중에 고쳐 쓰는 노력으로 보완하기 때문이다.

초고를 고치는 과정은 원고의 퀄리티를 높이기 위해서도 필수 가결하지만 이외에도 우리에게 선사하는 이점들이 있다. 우선 좋은 글을 보는 시선을 갖게 된다. 문법, 문맥, 어휘, 문장, 단락, 띄어쓰기, 맞춤법까지 자연스레 배우게 된다. 그리고 부자연스러운 부분을 찾아내는 눈이 생긴다. 그리하여 고쳐쓰기를 거듭하다보면 자신의 글은 물론, 다른 사람의 글까지 첨삭하는 실력이 생긴다. 이때 문장을 소리 내어 읽으면서 고치면 고칠 부분이 더 눈에 잘

띈다.

중국 작가 하진. 그 또한 고쳐쓰기를 중요시한다. 완벽한 영어 글쓰기를 구사하는 그는 소설 《기다림》, 《멋진 추락》에서 담백하면서도 서정적인 문장을 선보여 독자들로부터 많은 찬사를 얻었다. 그의 모든 작품들은 100여 번에 걸친 고쳐쓰기를 통해 완성한 결과물이다.

나를 비롯한 모든 저자들의 저서는 수번에서 수십 번, 많게는 수백 번의 퇴고 과정 끝에 완성된다. 그래서 나는 사람들에게 초고를 쓰는 데 있어 너무 주눅 들지 말라고 조언한다. 초고 완성 후 고쳐쓰기를 통해 더욱 맛깔스럽게 수정하면 되기 때문이다.

CHAPTER 3

출판사
계약하기

01

출간 제안서 작성하기

당신은 그동안 2개월에 걸쳐 원고를 완성했다. 그리고 그 원고를 맛깔스럽게 수정해서 완성도 높은 원고로 재탄생시켰다. 원고 집필을 마친 것을 진심으로 축하한다.

완성된 원고를 가지고 있으면 누구나 이런 생각을 하게 된다.

'내가 쓴 원고가 어느 출판사와 맞을까?'
'과연 내가 쓴 원고가 출판사에서 흔쾌히 계약하자고 할까?'

충분히 이해한다. 과거의 나 역시 그랬으니까. 선배 작가로서 당신에게 충고하자면 그런 염려와 걱정은 붙들어 매라는 것이다. 당신의 원고를 책으로 출간해주겠다는 출판사는 반드시 있게 마련이니까.

내가 쓴 원고를 출판사와 연결시키기 위해선 먼저 전제되어야 할 과정이 있다. 무엇일까? 빙고! 출간 제안서를 작성하는 것이다. 출간 제안서는 쉽게 말해 내가 쓴 원고를 출판사 편집자들의 눈길을 끌어당기기 위한 사용설명서 같은 것이라고 생각하면 이해가 쉽다. 책 쓰기 수업을 듣는 회원들 가운데 한 분은 자신의 원고를 출판사에 보내면서 출간 제안서 없이 간단한 프로필만 곁들인 채 원고만 보냈다. 그 결과는 어땠을까? 편집자들의 이메일 휴지통 속으로 빨려 들어가고 말았다.

원고를 출판사에 토스하기 전에 작성하는 출간 제안서는 매우 중요하다. 출간 제안서를 잘 쓰느냐, 그렇지 못하느냐에 따라 원고의 완성도가 높아도 퇴짜를 맞는 경우도 있다. 많은 편집자들이 출간 제안서를 먼저 읽어보고 나서 원고를 보기 때문이다. 그런데 출간 제안서에서 눈길을 사로잡는 임팩트가 없다면 편집자 가운데 십중팔구 원고를 읽어보지 않는다. 그저 그런 원고이겠거니, 하고 여기는 것이다. 아무리 강조해도 지나치지 않는 출간 제안서를 작성할 때의 주의 사항이 있다.

첫째, 편집자들이 절대 거절하지 못하게 임팩트 강하게 쓴다.

자신이 쓴 원고에 대한 확고한 자신감으로 원고의 경쟁력과 강점에 대해 설명해야 한다. 또한 편집자들이 거절할 수 없는 가치를 제안하는 배짱도 필요하다.

둘째, 중언부언하지 않는다.

초보 저자 티를 내듯이 했던 말 또 하는 중언부언해선 안 된다. 편집자들이 알고 싶어 하는 핵심 위주로 명료하게 쓴다.

셋째, 팩트를 토대로 쓴다.

절대 과장되게 출간 제안서를 써선 안 된다. 초보 저자들 가운데 조금이라도 빨리 좋은 출판사에서 책을 출간 계약서를 맺고 싶은 욕심에 '뻥' 튀겨서 쓰는 사람이 있다. 아무리 과장해도 편집자들은 척보면 안다. 그 결과 이런 원고는 가차 없이 휴지통 속으로 직행한다.

출간 제안서는 결코 복잡하거나 어렵지 않다. 그동안 800매가량의 원고를 쓴 저력이라면 출간 제안서는 신나고 즐겁게 작성할 수 있다.

출간 제안서

1. 제목(가제)

2. 저자 프로필(이름, 연락처 등 기재)

3. 기획의도

4. 핵심 독자층

5. 핵심 콘셉트
   ❶ _____
   ❷ _____

6. 이 책이 갖는 경쟁력

7. 이 책에서만 볼 수 있는 가치

8. 홍보 및 마케팅 아이디어

9. 예상 출간 시기

10. 목차

매력적인 저자
프로필 작성하기

출간 제안서를 작성하고 내 원고에 맞는 출판사를 선정했으면 이젠 매력적인 저자 프로필을 작성해야 한다. 저자 프로필 역시 출간 제안서와 마찬가지로 너무나 중요하다. 출판사 편집자가 출간 제안서 가운데 프로필을 가장 먼저 보기 때문이다.

저자 프로필이 독특하면서 무언가 끌림을 갖게 하면 편집자는 다른 것까지 세세히 보게 된다. 그래서 어떤 저자들은 원고를 다 쓴 후 저자 프로필을 쓰기 위해 몇 주씩 고민하며 시간을 보내기도 한다.

그런데 안타까운 것은 초보 저자들은 프로필을 엉성하게 쓰는 이들이 많다는 것이다. 특히 자비출판으로 책을 내본 경험이 있는 사람들은 프로필에 공을 들이지 않는다. 그들의 저자 프로필을 예로 들면 이런 식이다.

1960년 대구 출생.

○○고등학교 졸업.

○○대학교 경영학과 졸업.

동대학원 경영학 박사 수료.

현) ○○대학교 경영학 교수로 재직

저서 :《○○○○》

이 같은 저자 프로필을 쉽게 볼 수 있는 책은 다름 아닌 대학 전공서적이다. 전공서적에는 십중팔구가 위와 같이 하품 나오게 하는 양식으로 프로필이 나열되어 있다. 나는 이런 저자 프로필을 보고 있으면 그 저자의 뇌 구조가 고리타분하지 않을까, 하는 생각마저 든다. 조금도 그 저자에 대한 관심도 생기지 않을뿐더러 책도 읽고 싶지 않다. 하마처럼 하품만 나올 뿐이다. 위와 같이 저자 프로필을 쓰면 가차 없이 아웃이다. 왜? 저자 프로필은 편집자의 눈길을 유혹하는 얼굴이기 때문이다. 고리타분한 저자 프로필은 편집자들로 하여금 화나게 만든다. 그들이 하는 일이 창조와 관련된 일이기 때문에 용납이 되지 않기 때문이다.

저자 프로필은 팩트에 근거하여 최대한 포장해야 한다. 가장 먼저 출판사 편집자들에게, 다음으로 독자들에게 논리적으로 본인이 이 책을 쓰기에 적합한 사람인지 판단하게 하는 중요한 수단이기 때문이다. 누구나 처음 저자 프로필을 쓸 때 골머리를 앓

게 된다. 사실 이름과 출신대학과 지금 하고 있는 일이나 직장명을 빼고 나면 쓸게 없기 때문이다.

나는 사람들에게 저자 프로필을 쓸 때 자신의 이력과 함께 자신의 꿈과 비전, 목표, 지향하는 가치관, 인생관이나 관심사 등을 적으라고 말한다. 이런 요소들이 편집자와 독자들로 하여금 읽을 거리와 관심을 가지게 하기 때문이다.

요즘 한창 잘나가고 있는 베스트셀러들의 저자 프로필을 한번 살펴보자. 아래에 소개하는 저자 프로필을 벤치마킹해서 쓰면 혼자 낑낑대며 쓰는 것보다 훨씬 쉬울 것이다.

《아프니까 청춘이다》의 저자 김난도 프로필

두 아들을 둔 대한민국의 평범한 아빠. 같이 소주 한잔 마실 수 있는 선배, 부모님에게는 말 못할 고민을 해결해주는 '중간 어른' 삼촌, 냉철한 지성으로 시행착오를 줄일 수 있게 도와주는 '진짜 어른' 멘토, 그리고 대학에서 청춘들과 함께 앎을, 아픔을, 꿈을, 삶을 공유하는 특별한 행복을 누리는 선생. 교수님보다는 선생님이라는 호칭을 더 좋아하는 그를 학생들은 '란도샘'이라 부른다. 서울대학교 법과대학과 행정대학원을 졸업하고 미국 남캘리포니아대학(USC)에서 박사학위를 받은 후, 1997년부터 서울대학교 생활과학대학 소비자학과 교수로 재직하고 있다. 학생들이 직접 평가하는 '서울대학교 우수강의'에 선정되고, 대학이 공식 수

여하는 '서울대학교 교육상'을 수상하는 등, 강의와 학생지도에 대한 열의를 인정받았다. 그의 강의는 서울대에서 가장 빨리 수강신청이 마감되는 것으로도 유명하다. 이 밖에 '한국갤럽 최우수 박사학위논문 지도공로상'을 수상하며 '제대로' 가르치는 교수임을 공인받았다. 또한 2007년 대한민국 명품 소비자의 소비 동기를 분석한 책《럭셔리 코리아》가 〈조선일보〉 '올해의 책'에 선정됐으며 정진기언론문화상을 받았다. 서울시, 경기도, 보건복지부, 삼성, LG, SK, 롯데건설, 아모레퍼시픽 등 주요 공공기관과 기업에서 자문과 강연활동을 하며 세상이 어떤 인재를 원하는지 듣고, 학교와 온라인에서 청춘들과 소통하며 '어떤 인생을 개척할 것인가'에 대해 조언을 주고 있다. 주요 일간지에 '김난도 교수의 트렌드 노트'라는 칼럼을 연재하는 등, 칼럼니스트로도 활동하고 있다.

《꿈이 그대를 춤추게 하라》의 저자 고도원 프로필

'매일 아침 200만 여 명에게 이메일로 편지를 보내는 사람', '고도원의 아침편지' 주인장이자 아침편지 문화재단의 이사장. 1952년 4월 29일 전라북도 부안에서 태어났다. 연세대학교 신학과를 졸업하고 연세대학교 대학원 정치학과와 미국 미주리대 언론대학원을 졸업했다. 연세대학교 대학신문인 〈연세춘추〉의 편집국장을 지냈고, 〈뿌리깊은 나무〉와 〈중앙일보〉에서 기자로 활동했다. 중앙일보 기자 시절에는 1984년과 1990년에 중앙일보특

종상을 수상한 바 있다. 1998년부터는 대통령비서실 공보수석실 연설담당 비서관(1급)으로 5년간 일했으며, CBS 라디오 〈고도원, 이효연의 행복을 찾습니다〉의 진행을 맡기도 했다. 현재는 '고도원의 아침 편지'의 주인장으로 매일 아침 수많은 네티즌들에게 행복을 전하고 있다. '고도원의 아침편지'의 시작은 소박했다. 2001년 8월 그가 책을 읽으면서 밑줄을 그어 놓았던 좋은 글귀에 짧은 단상을 덧붙여 주위 몇몇 사람들에게 이메일로 보내기 시작한 것이 그 시작이었다. 이 아침편지에 대한 소문이 인터넷을 통해 네티즌들에게 퍼져나갔고, 이제는 180만 명이 넘는 사람들이 매일 아침을 고도원이 전해주는 행복 바이러스와 함께 시작하고 있다. 그가 '아침편지'로 유명해지기까지는 부모님의 영향이 컸다. 평생을 농촌복음화에 헌신했던 아버지 고 고은식 목사로부터는 남다른 독서열을, 어머니로부터는 감성과 넉넉한 마음을 물려받았다. '고도원의 아침편지'를 시작하는 글에서 그는 이렇게 말했다. 한 권의 책이 한 사람의 운명을 바꿔 놓을 수 있고, 그 속에 적힌 말 한마디가 인생을 바꿀 수 있다고. 그가 읽은 수많은 책들 속에서 뽑은 좋은 말 한마디가 많은 사람들에게 '마음의 비타민'이 되고 있다.

《멈추지 마 다시 꿈부터 써봐》의 저자 김수영 프로필

중학교도 중퇴한 소위 '문제아'였던 김수영은 검정고시로 1년

늦게 실업계인 여수정보과학고에 입학했다. 기자의 꿈을 안고 대학 진학을 준비하자 사람들은 '네 분수를 알아라' 하며 비웃었지만 그녀는 1999년 골든벨을 울리고 연세대에 당당히 합격하면서 간절히 원하면 반드시 이루어진다는 것을 증명해 보였다. 연세대에서 영문학과 경영학을 전공하고, 동아일보 인터넷 기자로 활동하면서 스무 살 최연소 기자로 '2000년 최고 인터넷 기사상'을 수상하기도 했다. 대학 졸업 후 세계 최고의 투자은행 골드만삭스에 입사했지만 기쁨도 잠시, 몸에서 암 세포가 발견된다. 충격을 받은 그녀는 죽기 전에 해보고 싶은 것을 쭉 써내려갔고, 자신의 꿈 73가지를 담은 리스트를 완성했다. '인생의 3분의 1은 한국에서 살았으니 다음 3분의 1은 세계를 돌아다니고, 마지막 3분의 1은 가장 사랑하는 곳에서 살고 싶다'는 첫 번째 꿈을 이루기 위해 2005년 무작정 런던 행 비행기 표를 끊고 한국을 떠나며 세계 도전을 시작했다. 런던대학교 동양아프리카 학교에서 중국국제경영학 석사를 받고, 현재 세계 매출 1위 기업 로열더치쉘 영국 본사에서 카테고리 매니저로 일하고 있다. 블로그를 통해 27만 명에게 해외 취업 정보를 나누며 '꿈 멘토'로 활약하고 있으며 '사람들에게 영감을 주기'라는 또 다른 꿈을 이루기 위해 첫 번째 책을 썼다.

《생산적 책쓰기》의 저자 김도사 프로필

대구에서 태어나 전주대학교에서 경영학 전공, 동대학원 석사

학위를 수료했다. 과거 작가가 되고 싶다는 열망으로 신문사와 잡지사에 발을 걸쳤던 그는 가난했던 탓에 중학교 때부터 신문배달, 주유원, 막노동, 전단지 돌리기, 공장 생활을 전전했다. 대학을 졸업하고 수백 군데 회사에 지원했다 떨어진 뒤 좌절에 빠져 있다가 3,000권이 넘는 성공 대가들의 책을 읽으며 긍정적인 사고로 전환하고 작가의 꿈을 꾸기 시작했다.

꿈을 종이에 적어 주머니에 넣어 다니며 자신을 채찍질한 지 3년 만에 첫 책을 내고, 중국과 대만, 태국 등에 저작권을 수출하였으며, 초·중·고등학교 교과서 11권에 글이 수록되었다. 2011년 경기도교육청에서 추천하는 '청소년에게 영향력 있는 작가'에 선정되었으며, 서른여섯이라는 나이에 110여 권의 책을 펴내 '제1회 대한민국기록문화대상' 개인부문을 수상했다. 2012년 8월 JTV 'TV특강'〈행복플러스〉에 출연해 '마흔, 당신의 책을 써라'라는 주제로 특강을 진행했다. 저서 《마흔, 당신의 책을 써라》를 펴낸 후 '책쓰기 프로젝트'를 벌이고 있는 대구시교육청 우동기 교육감으로부터 감사 편지를 받았다.

10여 년 전 아무런 존재감이 없었던 그는 책 쓰기를 통해 운명을 바꾸었다. "평범한 사람일수록 책을 써라. 은퇴 후가 두려운 직장인들도 책 쓰기는 이제 선택이 아닌 필수 사항이 되었다."고 강조하는 그는 '저자 10만 양성'이라는 슬로건을 내걸고 네이버 카페 〈한책협〉을 개설하여 책 쓰기 프로젝트를 벌이고 있다. 현재

은행원, 한의사, 의사, 유치원 원장, 교사, 교수, 주부, 대학생 등을 대상으로 책 쓰기를 코칭하고 있으며, 코칭 받은 이들의 책들이 속속 출간되고 있다.

대표적 저서로는 베스트셀러 《마흔, 당신의 책을 써라》, 《10대에 알았더라면 좋았을 것들》, 《출근 전 2시간》, 《질문이 인생을 바꾼다》, 《서른여덟 작가, 코치, 강연가로 50억 자산가가 되다》, 《생산적 책쓰기》 등 200여 권의 저서가 있다. 《10대, 꿈을 이루어주는 8가지 법칙》과 어린이 자기계발서 《말썽꾸러기 탈출학교》는 중국과 태국, 대만 등에 저작권이 수출되었다.

《남자의 물건》의 저자 김정운 프로필

일과 삶의 조화를 중요시 하는 '휴테크' 전도사이며, '존재가 의식을 결정'하는 것이 아니라 '문화가 의식을 결정'한다고 생각하는 문화심리학자. 문화심리학의 실용적 통합영역으로 여가학의 필요성을 역설하며 한국 최초로 여가학석사(MLS) 과정인 여가정보학과를 개설한 바 있는 개척자이기도 하다. 1962년 생으로, 고려대학교 심리학과를 졸업했다. 18년 동안 학위 따기가 어렵다는 독일 베를린 자유대학으로 유학을 떠난 작가는 처음에는 '비판심리학'을 공부하려고 그곳을 선택했다고 한다. 하지만 독일 통일을 현지에서 경험하면서 생각이 바뀌어 '존재가 의식을 결정'하는 것이 아니라 '문화가 의식을 결정'한다고 생각하게 되었다고 한다.

그래서 그는 베를린 자유대학 심리학과에서 문화심리학으로 박사 학위를 취득한 후, 독일 베를린 자유대학의 전임강사로 초빙되어 강의와 더불어 발달심리학, 문화심리학과 관련된 여러 연구프로젝트에 참여했다. 이때 문화심리학의 세계적 석학들과 함께 《문화심리학(kultur in der Psychologie)》이라는 책을 책임 집필하기도 했다. 이후 문화심리학의 실용적 통합영역으로 여가학의 필요성을 절감하고 2,000년 귀국해 명지대학교 기록대학과학원에 국내 최초의 여가학석사(MLS) 과정인 여가정보학과를 개설했다. 현재 명지대학교 여가문화연구센터 소장 및 휴먼(休Man)경영연구원 원장으로 여가산업과 관련된 다양한 프로젝트를 수행하면서, 〈동아일보〉, 〈중앙일보〉 등의 고정칼럼 기고를 비롯해 각종 언론매체와 방송에서 휴테크의 중요성을 역설하고 있다. 아니, 이런 거창한 프로필 따위는 다 잊어도 좋다. '김정운'은 팔뚝 굵은 아내가 차려준 아침밥상에 감사하며, 아침마다 그날 가지고 나갈 만년필 고르기에서 삶의 즐거움을 찾고, 거리의 망사스타킹을 보면 가슴이 뛰어 낚시가게 그물만 봐도 흥분하고, 자동차 운전석에서 슈베르트의 가곡을 목 놓아 따라 부르며 주책없이 울기를 좋아하는 사십 끝줄의 대한민국 남자다. 귀가 얇다 못해 바람만 불어도 귓바퀴가 귓구멍을 덮을 정도고, 한번 폭발하면 대로변에서 삿대질도 일삼는 욱하는 성격이지만, 한번 마음에 담아두면 며칠 밤 잠 못 자며 고민하는 소심남이기도 하다. 2009년에는 의무와 책임만 있고 재미는

잃어버린, 이 시대 남자들을 위한 심리에세이 《나는 아내와의 결혼을 후회한다》를 펴냈다. 어느 순간까지는 '무작정' 달려온 남자들, 그들이 왜 어느 순간 자아를 상실한 느낌이 드는지, 권위와 의무감에 탈출구가 꽉 막힌 듯한 느낌이 드는지, 어디서도 지친 영혼을 뉘일 곳을 찾지 못하게 되는지, 그것에 대한 '문화심리학적' 분석서인 이 책을 통해 저자는 건강하게 후회하고 재미있게 즐기는 결혼 생활을 이야기하고 있다.

내가 아는 저자는 출간 제안서만으로도 원고도 없이 출간 계약을 맺었다. 그만큼 저자 프로필이 중요하다. 따라서 저자 프로필을 쓸 때 시간과 노력을 아끼지 말아야 한다. 무엇보다 한번 책에 인쇄된 저자 프로필은 다음 쇄를 찍기 전까지 수정할 수도 없으니 신중하면서 심혈을 기울여야 한다.

QR 코드를 스캔하시면 유튜브 〈김도사TV〉
'출판사들은 어떤 작가와 계약을 원할까'
동영상을 보실 수 있습니다

원고에 맞는
출판사 선정하기

최근 외부 특강에서 만난 두 사람이 이렇게 말했다.

"여러 군데 출판사에 원고를 보냈지만 편집자들이 제가 쓴 원고는 거들떠보지도 않습니다. 무엇이 문제일까요?"

"제가 출판사에 원고를 보내면 자꾸만 이런 답신이 옵니다. '귀하가 보내주신 원고는 저희 출판사 출간 방향과 맞지 않아 반려합니다.' 이런 답신을 받을 때마다 너무나 속상해요."

그들과 대화를 나누면서 거듭 편집자들이 거들떠보지 않거나 출간 방향과 맞지 않아 반려하는 답신을 받은 이유를 알 수 있었다. 그 이유는 다름 아닌 자신의 원고의 장르나 성격에 맞지 않는 출판사에다 원고를 보낸 것이었다. 그러니 해당 출판사 편집자들의 눈 밖에 날 수밖에 없지 않겠는가.

우리가 읽는 책의 장르는 다양하다. 소설, 에세이를 비롯해서 인문, 자기계발, 아동, 청소년, 자녀교육, 건강, 컴퓨터, 인물, 종교, 역사 등이다. 이런 장르 가운데 자신의 원고의 성격과 맞는 출판사에 투고해야 한다. 만일 그렇지 않고서 자신의 원고는 자녀교육서인데 건강서를 주로 펴내는 출판사에 투고하게 되면 그 원고는 바로 휴지통으로 직행하게 된다. 왜일까? 건강서를 내는 출판사에는 아무리 뛰어난 자녀교육서 원고가 투고되어도 관심이 없기 때문이다.

지금의 나는 많은 출판사들로부터 원고를 써달라는 요청을 많이 받고 있지만 과거에는 그렇지 않았다. 주위에 작가가 없었던 탓에 맨땅에 헤딩하듯이 글쓰기에서부터 원고 기획하기, 집필하기, 출판사 섭외하는 것까지 혼자 힘으로 해야 했다.

그러다 보니 그 과정에서 많은 시행착오를 겪었는데 원인 가운데 하나가 원고의 성격에 맞지 않는 출판사에 투고한 것이었다. 서점에서 멋진 제목에다 표지가 예쁜 책을 여러 권 출간한 출판사들 위주로 무작위로 원고를 보냈던 것이다. 그 결과 하나같이 원고를 반려한다는 답신이 줄줄이 이어졌다. 아니면 아무런 답신도 없는 곳도 태반이었다.

물론 그 당시에는 내 원고의 완성도가 떨어져서 출판사에서 거절했다고 생각했다. 그러나 어느 정도 시간이 흐른 뒤에야 깨달을 수 있었다. 원고의 완성도보다 원고의 성격과 맞지 않는 출판사에 투고했기에 그들의 관심을 끌 수 없었다는 것을.

한 권의 책을 쓰는 것은 결코 만만치 않은 작업이다. 원고 기획에서부터 집필까지 사람에 따라 반년에서 2~3년의 시간이 걸린다. 어떤 이들은 이런 고통의 시간을 견디지 못하고 중도에 포기하기도 한다. 직장 생활을 하는 바쁜 와중에 많은 시간과 노력을 들여서 쓴 원고인 만큼 반드시 출판사와 출판 계약으로 이어지는 결실을 맺어야 한다.

나는 사람들에게 이렇게 말한다.

"많은 시간과 공을 들여서 아무리 훌륭한 원고를 썼더라도 책으로 출간되지 않으면 아무 소용이 없습니다. 내 원고를 출판사에 투고하기 전에 반드시 자신의 원고와 같은 장르나 성격의 책을 출간하는 출판사인지 신중하게 고려해야 합니다."

원고의 퇴고까지 마쳤다면 그다음에는 서점으로 달려가자. 자신이 쓴 원고가 40대를 위한 자기계발서라면 40대를 타깃으로 한 책을 자주 출간하는 출판사나 아니면 자기계발서를 주로 출간하는 출판사를 원고를 투고할 출판사로 생각해야 한다. 처음에는 혼란스러움이 따르지만 서점에서 다양한 책들을 살펴보면 금세 자신의 원고의 장르에 맞는 출판사를 찾을 수 있다.

내가 쓴 책 가운데 청소년을 대상으로 쓴 《10대에 알았더라면 좋았을 것들》이라는 책이 있다. 이 책은 출간된 지 여러 해가 지났지만 현재까지도 온라인 서점 등에 베스트셀러 목록에 올라 있다. 내가 처음 이 원고 집필을 마친 뒤 투고할 출판사를 고려할 때 문예춘추사를 떠올린 것은 청소년을 대상으로 하는 책을 많이 펴내고 있었기 때문이다. 그래서 문예춘추사에 《10대에 알았더라면 좋았을 것들》의 원고를 보냈고 그 결과 세상에 나올 수 있었다.

당신도 자신의 원고의 장르나 성격에 맞는 출판사를 찾아보라. 분명히 당신의 원고에 맞는 출판사들이 있다. 그런 곳에 원고를 투고하면 분명 좋은 결과가 따르게 마련이다.

QR 코드를 스캔하시면 유튜브 〈김도사TV〉
'한 달 안에 원고 쓰고 출판사와 계약하는 비법'
동영상을 보실 수 있습니다

04

출판 계약 시
나만의 원칙 세우기

아직 책을 펴내지 않은 초보 저자들 가운데 출판사와 계약 후 가장 많이 후회하는 것들이 있다.

"증정 부수를 10부 더 달라고 할 걸."

"계약금 50만 원은 좀 적은 감이 있네. 백만 원으로 해달라고 요청할 걸."

"6개월 후에 책이 출간된다니, 출간 일정이 너무 머네. 좀 더 일찍 내달라고 말할 걸."

나 역시 과거 출판사와 계약할 때 위와 같은 후회를 거듭하곤 했다. 당시에는 내가 출판사에 무언가를 요구할 위치도 아니었던 탓도 있지만 무엇보다도 출판 계약 시 나만의 원칙이 없었던 이유가 가장 크다. 그래서 출판사와 계약 후에는 항상 아쉬움과 후회가 마음 한구석에 자리했다. 그리고 다음에 출판사와 계약할 때에는 '이렇게 이렇게 해야지'라고 결심하지만 어느새 망각하고 만다. 그 결과 또 같은 과정을 수없이 반복했다.

그러다 한 선배 작가를 알게 되었고 다음과 같은 조언을 듣게 되었다.

"김 작가, 출판사와 계약할 때 무엇보다도 계약 조건이 중요해요. 아무리 좋은 원고를 써더라도 출판 계약 조건이 좋지 않으면 그동안 원고를 쓰며 쏟은 시간과 노력이 보람이 없게 돼요. 반드시 후회가 남지 않는 선에서 계약을 하는 것이 좋아요."

선배 작가의 조언과 함께 그동안의 아쉬움과 후회가 출판사와 계약할 때 나만의 원칙을 만들도록 이끌었다. 고민 끝에 다음과 같은 출판 계약 시 '나만의 원칙'을 만들었다.

● 인세(계약금)
● 출간 일정
● 저자 증정 부수
● 제목
● 원고 수정 범위

그동안 인세는 출판사가 주는 대로 받았지만 나만의 원칙을 정한 후에는 몇 퍼센트 이상이라고 요구했다. 나의 요구에 출판사는 부정적인 대답을 하다가 결국에는 내 요구를 들어주었다. 출간 일정 역시 무작정 출판사 일정에 끌려가기보다는 내가 원하는 날짜와 가깝게 출간하도록 일정을 조율하게 되었다.

책을 출간하게 되면 출판사는 저자에게 저서를 10부에서 20부 가량 증정한다. 증정 부수 역시 나만의 원칙을 정해서 20부를 달라고 요청했다. 책 판매고에 가장 영향을 미치는 것이 제목과 표지이다. 표지는 출판사에서 표지를 만드는 디자이너에게 책의 콘셉트를 곁들여서 외주를 주기 때문에 저자인 내가 크게 관여할 사항이 못 되었다. 하지만 제목 만큼은 내가 생각한 제목을 반영해달라고 요청했다. 그렇게 해서 출간된 것이 베스트셀러 《지혜의 소금창고》,《10대에 알았더라면 좋았을 것들》,《열 살에 꿈꾸면 좋을 것들》,《10대 꿈을 이루어주는 8가지 법칙》등이 있다.

마지막으로 출판 계약 시 원고의 수정 범위에 대해 한정하는 것이 좋다. 과거에 나는 출판사와의 계약에만 우선순위를 두었기 때문에 다른 부분들은 덜 중요하게 생각했다. 그런 나머지 출판사와 출판 계약을 맺고 나서 꼭 나를 힘들게 하는 부분들이 있었다.

예를 들면 출판 계약을 할 때 출판사에서 나에게 "나중에 원고는 출판사에서 요구하는 대로 수정해주셔야 합니다."라고 말했는데 나는 별 생각 없이 "예, 그렇게 하겠습니다."라고 답했다. 그런데 문제는 출판사에서 원고의 전반적인 수정을 요구하는 것이었다. 때로는 70% 이상 수정을 요구하는 곳도 있었다. 정말 울고 싶은 심정이었다. 그 원고를 쓰느라 이미 진이 다 빠졌는데 또 다시 쓰는 정도의 수정을 원하니 당시 심정으로는 출판 계약을 파기하고 싶었다. 하지만 마음을 다잡고 수정을 마쳤다.

당신은 과거의 나와 같은 실수를 하지 않기를 바란다. 그동안 원고를 쓰면서 많은 시간과 공을 들였을 것이다. 그런 만큼 출판사와 출판 계약을 맺을 때 출판사에 일방적으로 끌려가는 듯한 계약을 해서는 안 된다. 반드시 나만의 원칙을 세워서 출판 계약을 진행하기를 바란다.

QR 코드를 스캔하시면 유튜브 〈김도사TV〉
'출판 계약할 때 꼭 이것만은 체크하라!'
동영상을 보실 수 있습니다

출판사의
거절을 거절하라

지인 중에 대학 강단에서 학생들을 가르치는 H 교수가 있다. 그는 2년에 한 권씩 자비출판으로 책을 출간한다. 물론 자비출판인 탓에 책의 제목과 표지 디자인, 편집 등이 엉성하다. 그럼에도 그가 수천만 원의 돈을 들여 자비출판을 내는 이유는 무엇일까?

"어렸을 때부터 작가가 되는 것이 저의 꿈이었습니다. 그래서 제 꿈을 이루기 위해 5년 전 공들여서 원고를 써서 몇 군데 출판사에 보냈는데 모두 퇴짜를 맞았어요. 고민하다가 차라리 돈이 들더라도 자비출판을 하기로 마음먹었어요. 출판사로부터 계속 거절을 당하면 제 꿈을 포기할 것 같았거든요."

그는 출판사로부터 거절을 당하는 것이 두려워서 자비출판을 하고 있다. 그만큼 출판사의 편집자들의 원고를 보는 눈은 차갑고

냉정하다. 그래서 나는 〈한책협〉 회원들에게 자비출판이 아닌 기획출판사에서 내 이름으로 된 책을 출간하기 위해선 출판사의 거절에도 두려워하지 않는 마음 자세를 견지해야 한다고 조언한다. 출판사 거절을 거절해야 작가가 될 수 있기 때문이다.

과거의 나는 첫 책《마음이 담긴 몽당연필》을 출간하기 위해 3년 반 동안 무려 400회나 퇴짜를 맞았다. 물론 퇴짜를 맞을 때마다 좌절하고 절망했다. 특히 거절 횟수가 200회가 넘어가면서 죽고 싶을 만큼 괴로웠다. 하지만 이내 툭툭 털고 일어났다. 다시 출판사에다 원고를 보낸 것이다. 그리하여 결국 한 출판사와 인연이 되어 작가가 될 수 있었다.

세계적인 베스트셀러 작가들, 즉 유명세가 높은 작가일수록 초창기 출판사들로부터 보통 사람들은 상상도 할 수 없는 거절을 당했다. 그럼에도 그들은 작가의 꿈을 포기하지 않았고, 더욱 더 노력하고 도전했다.

소설《뿌리》를 쓴 알렉스 헤일리. 그는 '작가'라는 꿈을 품고 날마다 열 시간 넘게 글을 써 여러 편의 작품을 출판사에 보냈다. 그러나 매번 출판사로부터 거절 편지를 받아야 했다. 그럼에도 불구하고 자신의 꿈을 포기하지 않았다. 그러다 39세 때 흑인 지도자인 말콤 엑스를 만나 그의 자서전을 출판하면서 베스트셀러 작가로 거듭났다. 앤디 앤드루스의《폰더씨의 위대한 하루》는 〈뉴욕

타임스〉 베스트셀러 목록에도 오른 세계적인 베스트셀러이지만 작가는 이 책을 출간하기 위해 3년간 51군데의 출판사로부터 거절을 당하는 시련을 겪어야 했다.

《해리포터》의 작가 조앤 롤링은 과거 공상을 좋아하던 무일푼의 이혼녀에다 자신이 쓴 원고를 출판사마다 거절당했던 작가 지망생이었다. 그녀는 노력을 멈추지 않았고 결국 《해리포터》 시리즈로 인해 전 세계 2억 7천만 부가 팔린 베스트셀러 작가가 되었다.

세계적인 베스트셀러 《영혼을 위한 닭고기 수프》가 있다. 지금은 모르는 사람이 없을 정도로 유명한 책이지만 처음 책 출간은 순탄치 않았다. 이 책의 공저자인 잭 캔필드와 마크 빅터 한센은 출판사로부터 수백 번의 거절을 당해야 했다. 그러던 중에 두 사람이 초판 2만 부를 구매하면 출간해주겠다는 출판업자를 만나게 되었다. 그들은 그 제안을 받아들이고는 강연을 할 때마다 아직 출간되지 않은 책을 청중들에게 판매했다. 출간 당시는 판매고가 저조했지만 입소문은 타면서 매년 수백만 권씩 팔려나갔다. 1994년에 처음 출간되어 지금까지 《십대를 위한 닭고기 수프》, 《엄마를 위한 닭고기 수프》 등 제목이 다른 200여 권의 책이 나왔다.

400만 독자를 울린 초대형 베스트셀러 《연탄길》의 작가 이철환. 그의 책을 읽어보면 감동이 묻어나 가슴이 따뜻해지는 것을 느낄 수 있다. 그래서 사람들은 그가 본래부터 글을 잘 쓰는 사람으로 착각한다. 그러나 그 역시 7년 동안 주변의 이야기들을 듣고

모아 펴낸 《연탄길》을 출간하기까지 출판사에서 5번의 퇴짜를 맞아야 했다.

초등학교 교사에서 베스트셀러 작가로 변신한 이지성이 있다. 그는 명문대 출신의 화려한 스펙을 가진 '엄친아'도 아니고 매혹적인 문장을 구사하는 문필가도 아니다. 그런데도 그의 책은 언제부턴가 출간만 되면 베스트셀러 순위에 오른다.

최대 히트작 《꿈꾸는 다락방》은 100만부 이상 팔렸고, 《여자라면 힐러리처럼》는 38만부가 팔렸다. 이외에도 많은 책들이 베스트셀러에 올랐다. 지금은 많은 출판사에서 그의 원고를 받기 위해 줄을 서 있지만 5년 전만 해도 그는 무명 작가에 불과했다. 출판계뿐 아니라 독자들 가운데 그의 이름 석 자를 아는 사람이 없었다. 책 한 권 내려면 출판사로부터 수많은 퇴짜와 수모를 당해야 했다. 그런데 어느 날 갑자기 베스트셀러 작가 대열에 오르게 된 비결은 무엇일까. 그는 신문사 인터뷰에서 이렇게 말했다.

"제가 《18시간 몰입의 법칙》이란 책을 낼 때였습니다. 당시 저는 초등학교 교사였는데 하루 3시간밖에 안 자면서 나름대로 심혈을 기울여 원고를 썼어요. 그러고는 서점에 가서 출판사를 조사했죠. 책 뒤에 보면 출판사 주소와 전화번호, 이메일 주소가 있잖아요. 이걸 보고 자기계발서를 한 권이라도 낸 적이 있는 국내 모든 출판사 명단을 작성해 원고를 등기우편으로 보냈습니다. 이메일로도 보내고요. 그런데 아무 데서도 응답이 없더군요. 그래서 전화를 걸어 일일이 물어보았어요. 그랬더니 하나같이 '노'라고 하는 거예요. 하는 수 없이 원고를 상당 부분 고쳐 쓴 다음 이번엔 80군데를 추려 보냈어요. 역시 응답이 없더군요. 또 차례로 전화를 걸었죠. '노' '노', 75번째 출판사에서 거절하는 말을 들었을 때 눈앞의 풍경이 일그러지면서 귀에서 '삐' 하는, 라디오 주파수 잘못 돌렸을 때 나는 소음이 들리더군요. 마지막 5곳에 전화를 돌리면서 설마 설마 했죠. 그런데 끝까지 '예스' 하는 곳이 없었어요."

이지성은 출판사로부터 거듭 퇴짜를 맞은 당시를 이렇게 회상했다.

"정말이지 죽어버리고 싶더군요. 공중전화 부스에서 나와 집으로 가는 길에 하늘을 향해 삿대질을 하며 하느님을 원망하기도 했습니다. 그런데 곰곰이 생각해보니 출판사는 나름대로 합리적 선택을 한 것이었어요. 자기계발서란 성공을 가르치는 건데 아무것도 내세울 게 없는 초등학교 교사가 성공을 이야기하니 공감이 가겠어요? 그런 생각이 들어 원고를 다시 들여다보면서 내용을 또 수정하고 제목을 바꿨죠. 이번에는 중소출판사 20곳에 보냈어요. 그중 한 곳에서 받아줘 출간하게 됐습니다."

그렇게 천신만고 끝에 세상에 나온 이 책은 지금까지 7만부 가까이 팔렸다. 초판 발행이 2004년 10월이었으니 연간 1만부가량 꾸준히 팔리는 스테디셀러가 된 것이다. 그가 유명 작가가 되기까지 14년 7개월이 걸렸다. 그의 원고를 거들떠보지 않던 출판사 편집자들은 그제야 "그때 제가 미쳤나 봐요"라고 미안해하며 러브콜을 보내기도 했다. 현재 강연 활동 등으로 누구보다 바쁘게 지내고 있다.

소설가 백영옥. 그녀는 첫 소설집 《아주 보통의 연애》 출간을 시작으로 《스타일》, 《다이어트의 여왕》 등의 책을 펴냈다. 그녀는 처음부터 잘나가는 소설가는 아니었다. 작가의 꿈을 실현하기 위해 글을 쓰면서 카피라이터, 서점 에디터, 패션지 기자 일을 병행해야 했다. 그러다 《스타일》로 지난 2008년 1억 원 고료의 세계문학상을 받으며 스포트라이트를 받았다.

지금은 유명 작가가 되었지만 지금의 자리에 도달하기까지 피나는 노력을 기울여야 했다. 사실 그녀는 2006년 문학동네 신인상을 수상하기 전에 18년을 주구장창 신춘문예에 응모해서 떨어진 아픔이 있다. 그녀의 말에 의하면 백 번 넘게 응모해서 다 떨어진 것이다.

만화가 강풀은 어떤가? 그는 대학을 졸업한 후 만화가가 되기 위해 약 400여 만화 관련 출판사에 이력서를 낸 적이 있다. 이력서는 직접 만화를 그려 만들었는데 번번이 퇴짜를 맞았다. 그러다 결국 그는 2002년 4월 직접 인터넷에 만화를 그려 올렸다. 세상이 알아주지 않자 스스로 세상에 자신을 알린 것이다. 강풀은 당시를 이렇게 회상했다.

"한 번은 모 잡지사에서 직장 생활을 한 적이 있어요. 그런데 제가 국문과 출신이라고 만화 대신 취재나 편집을 시키더군요. 1년 있다가 나왔어요. 만화를 너무 그리고 싶었거든요. 그래서 직접 인터넷에 올리기로 했어요. 그래서 만든 것이 '강풀닷컴'입니다."

앞으로 당신 역시 출판사들로부터 여러 번에서 수십 번 거절을 당하게 될지도 모른다. 거절을 당하더라도 절대 당신이 작가가 될 수 없다는 그런 생각을 가져선 안 된다. 다만 당신의 원고 콘셉트와 해당 출판사와의 인연이 닿지 않을 뿐이라고 여겨야 한다. 어딘가에 당신의 원고를 반겨줄 출판사는 반드시 존재한다. 믿어라! 나는 이런 긍정적인 사고 덕분에 출판사의 거듭된 거절에도 내 이름으로 된 책 출간의 꿈을 포기하지 않을 수 있었다. 마지막으로 당신에게 이 말을 들려주고 싶다.

"출판사의 거절을 거절하라. 당신의 원고를 책으로 내줄 출판사는 어딘가에 반드시 있다."

소셜네트워크, 블로그 마케팅,
저자 특강 기획하기

요즘 '소셜네트워크(SNS)'와 '블로그'라는 말을 모르는 사람은 거의 없다. 소셜네트워크와 블로그라는 말이 요즘 온라인 문화를 선도하고 있다는 말까지 나오고 있다. 이 두 가지는 오프라인에서 온라인으로 옮겨가고 있는 출판계에 지각 변동을 일으키고 있다.

그래서 저자와 출판사는 소셜네트워크 마케팅, 블로그 마케팅의 힘을 간과해선 안 된다. 성공하는 책들에는 어김없이 이 두 가지가 시너지 효과를 발휘하기 때문이다.

대표적인 예로 중국 작가 탄줴잉의 저서 《살아 있는 동안에 꼭 해야 할 49가지》와 김난도 서울대 교수의 《아프니까 청춘이다》, 〈딴지일보〉 김어준 총수의 《닥치고 정치》, 〈시사in〉 주진우 기자의 저서 《주기자》를 꼽을 수 있다.

이 가운데 《살아 있는 동안에 꼭 해야 할 49가지》는 출간되자

마자 한 달 반 만에 세계적인 베스트셀러 《다빈치 코드》를 제치고 1위를 차지한 뒤 출판 불황에도 불구하고 석 달 만에 판매 부수 50만 부를 훌쩍 뛰어넘어 출판계를 놀라게 했다. 이 책의 가장 큰 성공 요인으로 '살아 있는 동안'이라는 익숙함과 '꼭 해야 할'이라는 당위성이 담긴 제목과 함께 블로그 마케팅을 꼽을 수 있다.

비소설 독자층에는 주로 20~30대 여성이 가장 많다. 그럼에도 불구하고 40~50대 남성들이 이 책의 가장 매력적인 독자로 부상한 이유는 제목 때문이란 것이 서점과 출판관계자들의 분석이다. 여기에다 블로그 마케팅의 힘도 빼놓을 수 없다.

사실 아무리 제목이 좋아도 장기적인 베스트셀러로 자리매김한다는 것은 불가능하다. 사실 모든 제품이 그렇듯이 책 역시 독자들의 입소문이 가장 파급효과가 크다. 따라서 제목 하나에만 꽂혀서 책을 구입한 독자들의 입에서 "제목 보고 샀는데 내용은 별로더라.", "제목에 속아서 샀는데 정말 돈 아까운 책이야."라는 입소문이 돌면 그 책의 판매고는 금세 가라앉게 된다. 따라서 수십만 부가 팔리는 베스트셀러가 되기 위해선 항상 입소문과 함께 소셜 네트워크와 블로그 마케팅과 같은 요소가 필요하다.

《살아 있는 동안에 꼭 해야 할 49가지》가 출간된 지 일 년도 되지 않아 100만 부 이상 판매된 것은 이 책을 출간한 위즈덤하우스 출판사의 마케팅이 주효했다고 할 수 있다. 위즈덤하우스는 처음부터 사이버상의 유저들을 위해 '본문 미리보기 서비스'와 '블로그 및 홈페이지 이벤트'를 진행했으며 '플래시 카드'를 만들어 스킨십을 발휘했다. 그리하여 입소문은 입소문을 낳고 독자들의 감동으로까지 이어지면서 '블로그의 힘'으로 나타났다.

한 편집자는 이 책이 성공한 이유에 대해 이렇게 말했다.

"무명 저자가 쓴 《살아 있는 동안에 꼭 해야 할 49가지》가 관심을 끄는 이유는 '살아 있는 동안'의 인기 뒷면에 블로그를 통한 온라인 마케팅이 자리하고 있기 때문입니다. 책의 출간과 동시에 개설한 블로그가 독자와 네티즌들의 입소문을 타고 빠른 속도로 전파되면서 책의 인기를 높이는데 한몫했기 때문이죠."

실제 위즈덤하우스는 이 책의 출간과 동시에 전자책 전문기업인 북토피아와 손을 잡고 검색 포털 네이버에 '살아 있는 동안 꼭 해야 할 49가지'라는 제목의 블로그를 개설했다. 그리고 위즈덤하우스와 북토피아는 네티즌들을 불러 모으기 위해 다양한 이벤트를 진행했다. 그 가운데 하나가 감동적인 글귀로 채워진 책의 특성을 살려 '감동의 파도타기'와 '살아 있는 동안 꼭 해야 할 50가지'라는 행사였다. 감동의 파도타기란 책 내용 중 자신이 가장 감동적으로 읽은 글귀에 대한 감상을 적은 것이다. 살아 있는 동안 꼭 해야 할 50가지는 49가지 주제 이외에 자신이 꼭 해야 할 한 가지를 추가하는 이벤트였다. 두 개의 이벤트를 통해 살아 있는 동안 블로그에는 천여 개가 넘는 댓글이 달리는 등 네티즌들의 큰 호응을 얻었다. 여기에다 위즈덤하우스는 《살아 있는 동안에 꼭 해야 할 49가지》를 구매하기 전에 볼 수 있도록 전자책으로 제작해 네티즌과 독자들에게 맛보기로 보여주기도 했다. 독자들이 책 구매 전에 책 내용을 판단, 평가할 수 있는 기회를 제공한 것이다. 위즈덤하우스의 신민식 이사는 이 책이 별다른 홍보 작업을 진행하지 않고도 세계적인 베스트셀러 《다빈치 코드》의 아성을 무너뜨릴 수 있었던 이유에 대해 이렇게 말했다.

"이 책이 별다른 홍보 없이 성공한 것은 블로그 마케팅의 힘이었다. 블로그를 통해 책 내용 뿐 아니라 다른 네티즌의 생생한 평가를 접할 수 있다는 점에서 블로그가 책 구매 여부를 결정하는 역할을 했다."

사실 이 책은 삶에 대한 희망과 따뜻함을 심어주는 이야기로 구성되어 있지만 자칫 실패할 확률이 높았다. 탄줴잉이라는 저자에 대한 인지도가 낮았기 때문이다. 당시 항간에는 탄줴잉이라는 저자가 가상 인물이 아니냐는 우스갯소리도 있었다. 그러나 저자의 낮은 인지도에도 불구하고 블로그 마케팅의 힘으로 책은 출간과 더불어 급속하게 팔려나갔고 선물용 대량 판매까지 이어졌고, 그해 최고의 베스트셀러가 되었다.

〈채널예스〉 김수영 기자의 '쌤앤파커스가 만든 베스트셀러, 이 래서 다르다'라는 주제의 인터뷰를 소셜네트워크 등의 마케팅이 매우 중요하다는 것을 잘 알 수 있다.

《아프니까 청춘이다》의 성공 비결을 들어보자.

"《88만 원 세대》, 《이것은 왜 청춘이 아니란 말인가》와 같이 기 존에 20대를 다룬 책들은 청춘을 우울하게만 그렸거든요. 우울 해, 불쌍해. 왜 안 싸워, 이런 메시지였어요. 저희가 조사한 시장 에 의하면, 이 청춘들이 싸울 마음도 있고, 인내를 극복할 마음도 있거든요.

중요한 것은 공감과 믿음이었던 것 같아요. 사회 비판도 중요 하지만, 이들을 계몽시킬 필요는 없다고 생각했거든요. 가장 실제 화 된 20대 청춘들의 이야기로 이들이 실제 할 수 있는 고민 지 점을 만들어주려고 했고요. 그런 점이 효과를 보지 않았나 싶었 어요."

"《아프니까 청춘이다》는 트위터로 전할 만한 짧고 강렬한 문구 가 많아서 트위터 마케팅을 했어요. 매체가 적절하게 맞아떨어진 점도 주효했던 것 같아요. 항상 고정화된 방법이 아니라, 그 책에 최적화된 마케팅을 고민하거든요. 《클린》과 같이 건강 서적은 온 라인 체험단 운영을 해서 직접 프로그램을 실천해보고 서로 권할 수 있게 했고요."

"저는 세상의 모든 책이 좋다고 생각합니다. 다만, 구매까지는 아니더라도 어떻게 책장을 펼칠 수 있게 하느냐가 중요한 건데, 마케터들이 그런 점을 항상 고심합니다."

《아프니까 청춘이다》가 그냥 운 좋게 베스트셀러에 오른 것이 아니다. 이면에 출판사의 소셜네트워크와 블로그 마케팅 등의 노력이 숨어 있었던 것이다.

〈딴지일보〉의 총수 김어준 씨의 《닥치고 정치》는 어떤가? 2011년 10월 출간되어 50만 부 이상이 팔렸을 정도로 폭발적인 판매량을 자랑하고 한다. 이 책의 판매량은 거의 비슷한 시기에 출간된 애플 공동창업자 스티브 잡스의 전기와 맞먹을 정도이다.

《닥치고 정치》는 기획 단계부터 이 책을 펴낸 푸른숲 출판사 내에서 베스트셀러가 될 것이라고 확신했다고 한다. 그리하여 홍보팀에서도 이 책이 기획될 무렵부터 홍보를 위해 앱으로 만들기로 의견을 보았다.

그 결과 딱히 돈을 들여 마케팅하지 않았는데도 한 달 만에 2만 5,000건의 유료 다운로드가 이루어졌다. 하루에 최대 3,000개가량 다운로드가 되는 날도 있었다. 《닥치고 정치》 앱은 3만 번 넘게 팔려 매출은 20만 달러, 우리 돈으로 2억 원을 돌파했다.

〈시사in〉 기자로 활동하는 주진우 기자의 저서 《주기자》. 이 책의 경우 초반 판매 속도로만 보면 김어준 씨의 《닥치고 정치》를 능가하고 있다고 한다. 2012년 4월 29일 서점 판매 시작 전 2주 동안 예약 판매로만 팔린 부수가 1만 부에 해당한다. 이는 《닥치고 정치》의 2배이다. 본격적인 서점 판매 후 일주일 만에 예약 판매분까지 포함해 10만 부가 나갔다.

물론 《닥치고 정치》,《주기자》이 책들이 베스트셀러가 된 데에는 인터넷 방송 '나는 꼼수다' 영향력 덕분이다. 청취자 600만 명을 돌파한 뉴미디어 나꼼수 방송에서 책이 언급만 돼도 판매량이 확연히 달라지는 상황이기 때문이다. 어쨌거나 여기서 내가 말하고자 하는 것은 '나꼼수'라는 입소문이 퍼져나가는 매체가 있었기 때문에 앞에서 언급한 책들이 베스트셀러가 되었다는 것이다. '소셜네트워크 마케팅', '블로그 마케팅'과 더불어 중요한 것이 '저자 특강'이다. 저자 특강은 독자가 저자의 생생한 육성을 직접 들을 수 있는 자리이다. 특히 저자 특강은 저서 구매로 이어진다. 그래서 요즘 출판사에서 신간이 나오면 약속이라도 한 듯이 저자 특강을 기획하고 있다. 특히 저자 특강을 하게 되면 그 자리에 참석한 사람들이 소셜네트워크나 블로그 등에 특강 후기를 올리기 때문에 자연스레 입소문 효과를 유발하게 된다. 따라서 저자 특강은 책 판매, 입소문 효과 이렇게 일석이조의 효과를 거둘 수 있다.

출판사와 출판 계약을 했다면 모든 것을 출판사에 맡겨선 안 된다. 물론 출판사에서는 2,000만~3,000만 원에 가까운 비용을 들여 책을 제작하는 만큼 사활을 걸고 홍보와 마케팅을 펼친다. 하지만 이때 저자가 나름으로 소셜네트워크와 블로그, 저자 특강 등을 통해 홍보와 마케팅을 돕는다면 그 시너지 효과는 엄청나다. 저자는 항상 내 책을 몇 백 부 더 팔 수 있는 아이디어를 생각해야 한다. 지금은 저자가 원고만 쓰는 시대는 지났다. 원고 쓰기와 함께 책 판매로 이어지는 홍보와 마케팅까지 함께 하는 저자가 살아남는 시대가 되었다는 것을 기억해야 한다.

이 책을 읽고 나서 내게 책쓰기와 관련하여 도움을 구하고자 010 7286 7232로 문자나 전화를 한다면 조언을 아끼지 않겠다. 나는 여러분이 단기간에 책을 쓸 수 있도록 도울 수 있다.

언론사 적극 활용해
노출시키기

요즘 같은 불경기에도 신간이 홍수처럼 쏟아지고 있다. 이런 신간의 홍수 속에서 내 책이 살아남으려면 독자들의 눈길을 끌 수 있어야 한다. 그렇지 않다면 서점의 매대에 진열된 지 2주일 정도 후에는 내 책은 흔적도 없이 사라지게 된다.

나는 책을 쓰려는 사람들에게 출판사에서 자신의 책이 출간되면 독자에게 어필해야 한다고 조언한다. 독자들에게 어필하는 방법은 다양하다. 앞에서 언급한 소셜네트워크와 블로그, 저자 특강이 있다.

여기에다 언론사를 적극 활용해 자신의 책을 사람들에게 어필하라고 말하고 싶다. 사실 더 독자들의 눈길을 사로잡고 지갑을 열게 하는 데 있어 광고보다 더 강한 효과를 발휘하는 것이 바로 언론 기사이다. 광고는 출판사에서 막대한 비용을 들여서 함에도 불구하고 그다지 효과가 크지 않다. 반면에 책 소개 기사는 공짜로 이루어짐에도 독자들을 서점으로 이끄는 힘을 발휘한다. 왜냐하면 광고에는 상업적인 냄새가 물씬 풍기지만 책 소개 기사는 기자의 객관성으로 책을 소개하기 때문에 독자들의 신뢰도가 훨씬 높기 때문이다.

책이 출간되면 출판사에서도 나름대로 전국의 언론사에 책의 신간과 보도 자료를 담당 기자에게 발송한다. 그러나 요즘은 신간이 워낙 많이 출간될 뿐 아니라 출판사들이 너나할 것 없이 언론사로 자신의 책을 신문에 실어달라며 홍보 자료를 보내기 때문에 내 책이 소개될 확률이 그다지 높지 않다. 그래서 나는 다른 방법을 제안한다. 출판사가 아닌 저자의 입장에서 언론사의 담당 기자에게 책과 함께 보도 자료를 보내라는 것이다. 여기에다 책 내용을 토대로 칼럼을 무료로 연재하고 싶다고 피력하는 것이다. 여러 군데 언론사에 이와 같은 제안을 한다면 분명 몇 군데 언론사로부터 긍정적인 답신을 받게 된다.

2009년 5월부터 9월까지 나는 대구광역시 지역 신문인 〈영남일보〉에 '나도 작가가 될 수 있다'라는 주제의 칼럼을 연재했다. 그동안 200여 권에 가까운 책을 쓰면서 알게 된 책 쓰기 노하우를 보다 많은 사람들에게 알리기 위해서였다. 일주일에 한 번씩 연재했는데 칼럼이 나갈 때마다 반응이 폭발적이었다. 청소년부터 칠순 노인까지 책을 쓰고 싶다며 전화나 메일이 쏟아졌다. 그때 나는 내 이름으로 된 책을 출간한 후 〈책 쓰기 과정〉 프로그램을 만들어 워크숍을 만들기로 결심했다.

내가 〈영남일보〉에 책 쓰기 노하우를 연재한 것은 어느 날 우연찮게 나에게 기회가 찾아온 것이 아니었다. 내가 〈영남일보〉의 기자에게 그동안 책을 쓰면서 나만의 책 쓰기 노하우가 있는데 그것을 독자들에게 알려주고 싶다는 취지의 메일을 보냈다. 그리고 며칠 후 기자로부터 좋은 아이디어라며 칼럼을 연재할 수 있도록 윗분에게 건의하겠다는 답신을 받았다.

현재 〈책 쓰기 과정〉에 참여하고 있는 분들 가운데 많은 분들이 당시 칼럼을 보고 나와 인연이 되었다. 이외에도 중소기업 회장도 나에게 책 쓰기 코칭을 받고 있는데 역시 칼럼 덕분이었다. 어느 날 우연히 펼친 〈영남일보〉에서 나의 칼럼을 보게 되었고 그동안 잊고 있었던 작가의 꿈이 되살아난 것이었다.

당신도 나처럼 책이 출간되면 적극적으로 언론사에다 자신을 알려야 한다. 담당 기자에게 메일을 쓸 때의 형식은 자유롭게 쓰면 된다. 나는 다음과 같은 형식으로 메일을 보낸다.

'안녕하세요?

《내가 100억 부자가 된 7가지 비밀》,《1년에 10권도 읽지 않던 김 대리는 어떻게 1개월 만에 작가가 됐을까》를 쓴 김도사라고 합니다. 책 출간 후 많은 분들에게 그동안 고민해오던 부분이 명쾌하게 해소되었다는 의견의 메일과 책 내용 외의 부분에 대한 질문을 주셨습니다. 그분들의 질문에 조언을 해드리면서 제가 그동안 경험한 부분들을 신문에 칼럼으로 연재하면 어떨까, 하는 생각이 들었습니다. 칼럼 기고료는 안 주셔도 됩니다. 저는 칼럼 기고료보다 많은 분들에게 저의 경험을 공유하는 것이 더 값지다고 생각합니다. 긍정적인 검토 바랍니다.'

책의 주제를 칼럼으로 연재하고 싶다는 의사를 밝히면 상대는 긍정적으로 검토하게 된다. 어느 누구도 먼저 나서서 도움을 주겠다고 말하는 사람을 홀대하지 않는다. 당장은 당신이 제안한 주제의 칼럼이 필요 없을지 모르지만 차후에는 그렇지 않을 수도 있다.

현재 베스트셀러 저자들 가운데 초기에는 아무런 존재감도 없는 저자였다가 스스로 자신을 인쇄사에 직극직으로 어필한 더분에 유명해진 이들이 꽤 있다. 그들이 셀프 마케팅을 했듯이 당신도 당당하게 자신을 알려야 한다. 가만히 있으면 세상은 절대 당신을 알아주지 않는다. 적극적으로 자신을 홍보하는 저자만을 기억하고 알아줄 뿐이다.

1시간 만에 끝내는 책쓰기 수업

초판 1쇄 인쇄 2019년 6월 7일
초판 1쇄 발행 2019년 6월 14일

지 은 이 **김도사**
펴 낸 이 **권동희**
펴 낸 곳 **위닝북스**
기　　획 **김도사**
책임편집 **박고운**
디 자 인 **이선영 이혜원**
마 케 팅 **강동혁**

출판등록 제312-2012-000040호
주　　소 경기도 성남시 분당구 백현로97 다운타운 2층 201호
전　　화 070-4024-7286
이 메 일 no1_winningbooks@naver.com
홈페이지 www.wbooks.co.kr

ⓒ위닝북스(저자와 맺은 특약에 따라 검인을 생략합니다)
ISBN 979-11-6415-023-6 (13190)

이 도서의 국립중앙도서관 출판도서목록(CIP)은 서지정보유통지원시스템 홈페이지(http://seoji.nl.go.kr)와 국가자료공동목록시스템(http://www.nl.go.kr/kolisnet)에서 이용하실 수 있습니다.(CIP제어번호: CIP2019021230)

위닝북스는 독자 여러분의 책에 관한 아이디어와 원고 투고를 설레는 마음으로 기다리고 있습니다. 책으로 엮기를 원하는 아이디어가 있으신 분은 이메일 no1_winningbooks@naver.com으로 간단한 개요와 취지, 연락처 등을 보내주세요. 망설이지 말고 문을 두드리세요. 꿈이 이루어집니다.

※ 책값은 뒤표지에 있습니다.
※ 잘못 만들어진 책은 구입하신 서점에서 교환해 드립니다.